Sommerleben

skandinavische Wohnoasen

Für Alba, Hector, Stig, Joel, Sandra und Søren

SOMMERLEBEN
skandinavische Wohnoasen
Autor: Dorrit Elmquist
Fotografie: Birgitta Wolfgang Drejer
Grafik und Umschlaggestaltung: annette bjerre design
Aquarelle: Julia Hansen Mincarellie

Titel der dänischen Originalausgabe:
Sommerhusliv hele året

ISBN: 87-11-18061-7

Deutsche Ausgabe:

Übersetzung: Frauke Watson, F-Callian
Satz: Punkt für Punkt GmbH, Düsseldorf
Druck: Narayana Press, Dänemark

ISBN: 3-512-03281-8

Dorrit Elmquist und
Birgitta Wolfgang Drejer

Sommerleben

skandinavische Wohnoasen

aus dem Dänischen übertragen
von Frauke Watson

Lifestyle by BUSSE SEEWALD

Inhalt

Vorwort

Für mich sind Erinnerungen Sinneseindrücke: Gerüche, Geschmacksempfindungen, Geräusche, Gefühle und Tausende von Bildern, die vor meinem inneren Auge erscheinen. Die Fantasiewelten meiner Kindheit hatten alle diese Qualität von unkompliziertem Erleben an sich. Als Erwachsene kommen wir am ehesten in den Sommerferien an dieses sorglose, gelöste Lebensempfinden heran. Da machen die hohen Selbstanforderungen des Berufslebens einer gewissen Zwanglosigkeit Platz, denn in den Ferien gibt es nicht so viele Regeln zu befolgen. Gästebewirtung, gemeinsame Mahlzeiten und Haushalt verlaufen durchweg entspannter. Das Unvollkommene wirkt auf einmal charmant, und wir können über Fehler mit einem Achselzucken hinwegsehen – es lebt sich einfach leichter.

Dies ist der Rahmen, in dem sich der einfache und lichte Lebensstil abspielt, den Birgitta Drejer und ich in diesem Buch vorstellen. Wir haben neun Familien besucht, die an der schönen dänischen Küste oder an einem friedlichen Plätzchen im Binnenland ein Ferienparadies gefunden haben. Alle Häuser haben einen ganz eigenen Charme, der sich nicht allein aus dem Einrichtungsstil der jeweiligen Familie ableitet – auch die Umgebung hilft mit, den Sommerhausstil aus dem Alltag herauszuheben. Lange Kieswege mit anderen Nachbarn als sonst, die Nähe zum Meer, zu Wäldern und Strandwiesen und die vielen Düfte und Geräusche sind es, die den Sommer zu etwas ganz Besonderem machen.

Allen Familien ist die Freude am einfacheren Dasein gemeinsam, sowie die Freude am Augenblick, die durch das Leben in der Natur geweckt wird. Wir hoffen, dass die Leichtigkeit und die durch den Sommer geschärften Sinne nicht nur auf diese Jahreszeit beschränkt bleiben, sondern dass ein Stückchen des Sommerhauslebens auch in den Alltag hinübergerettet werden kann.

Dorrit Elmquist

Das Lustschloss

Königtum und Adel waren die ersten, die sich im 18. Jahrhundert den Luxus erlauben konnten, zwei Domizile zu unterhalten – eines davon nur zum Vergnügen. Ein kleines Lustschloss war der ideale Ort, um sich die Zeit mit Ausritten, Jagdgesellschaften und Banketten angenehm zu vertreiben. Man kann sich leicht vorstellen, dass die Luft nur so geschwirrt haben muss von Romantik und verstohlenen Küssen im Rosengarten, wenn sich Grafen und Edelfräulein beim Tee im Gartenpavillon verlustierten.

Dieser Traum von einem Leben, in dem Romantik und Natur die Hauptsache sind, ist niemals ganz verschwunden. Man muss nicht Baron oder Baronesse sein, um Sehnsucht nach einem Ort zu haben, an dem man den Anforderungen des Alltags entkommen und seinen eigenen Interessen nachgehen kann.

Das einfache, gesunde Leben

Im Laufe des 19. Jahrhunderts begann auch das Bürgertum, Ferien zu machen, jedoch nicht nur aus Lust und Zeitvertreib. Man hatte entdeckt, dass die Sonnenwärme, die frische Luft und das klare Wasser gesund für Leib und Seele waren. Die Städte waren mit der zunehmenden Industrialisierung immer schmutziger geworden. Dadurch wuchs der Bedarf für das gesunde Leben am Meer, und so entstanden überall Kurorte entlang der Küsten. Doch so ein Kuraufenthalt war eine ernste Angelegenheit. Man badete in den Wellen und machte – der Gesundheit zuliebe – lange, stramme Spaziergänge.

Besonders die Künstler fühlten sich vom Leben an der Küste inspiriert, denn der Blick über die Schaumkronen des Meeres hatte jene Klarheit, die man in einer von ruß geschwärzten Schornsteinen verpesteten Luft nicht erwarten konnte.

Die Einheimischen sahen staunend zu, wie die Städter gutes Geld bezahlten, um in winzigen Häuschen zu wohnen und im Meer zu baden. Viele Familien zogen den Sommer über gerne in den Gartenschuppen, um die gute Stube an Sommerfrischler zu vermieten. Das einfache Leben, das für sie zum Alltag gehörte, bedeutete für die Großstädter Inspiration und Genesung.

Die weiße Villa

Den Traum vom einfachen Leben träumten auch Kaufleute, Verwaltungsräte, Großhändler – das gesamte Großbürgertum. Doch dieses ließ sich nicht herbei, armselige Fischerhütten zu beziehen. Man baute große Villen, die die gesamte Familie samt Tanten und anderen Gästen – nebst Dienerschaft – von Mai bis September bewohnen konnte. Es lebte sich leichter und lockerer im Sommer, wo ein guter Teil der gesellschaftlichen Verpflichtungen des Stadtlebens einfach wegfiel. Die Damen trugen im Sommer weiße Kleider und zierliche Sonnenschirme, und wenn die Herren nicht in der Stadt blieben, um den Geschäften nachzugehen, erschienen sie in heller Jacke und Strohhut.

Fährt man heute die Küsten entlang, mögen einem die Sommervillen der Gründerzeit vielleicht gar nicht so seltsam und bahnbrechend vorkommen. Doch zeigte sich hier ein ganz neuer Sommerstil, als man große Fenster einzusetzen begann, um das Licht hereinzulassen. Eine schlichte Einrichtung mit hellen Möbeln, klaren Farben und weißen Gardinen war etwas ganz und gar anderes als die düsteren Stadtwohnungen mit ihren Troddeln und Quasten, den Samtstoffen und Löwenfüßen.

Der Stil entwickelte sich weiter, und die Villa am Seeufer wurde zu einem Ort, den die Architekten jeweils zu ihren zukünftigen Bewohnern passend bauen konnten. Die neue Freiheit der Sommerhäuser zeigte sich in ganz neuen Farben und Dekorationen. Ein Beispiel dafür ist das1889 entstandene berühmte Feriendomizil Rytterhuset am Strandveien. Dessen Räume sind ohne viel Luxus eingerichtet und die Fenster groß, damit Licht und die frische Luft die Stube erfüllen kann. Im selben Stil wurde auch ein Atelier gebaut, und es ist unverkennbar, dass sich hier ein Maler, der die Farben liebte, seine Inspirationen holte – es dominieren Knallrot und Sonnengelb, doch auch die anderen Farben des Regenbogens sind überall im Haus zu finden.

Der Traum aller Menschen

Lange Jahre vermochten einfache Leute von Ferien und Sommerhaus nur zu träumen, während sie über das Sommerleben des Bürgertums in allen Illustrierten lesen konnten. Der jungen Frau, die 10 bis 12 Stunden täglich in der Tabakfabrik arbeitete, mögen die Bilder von hellen Räumen und Picknicks am Meer wie königliche Festlichkeiten in einem entlegenen Teil der Welt erschienen sein. Doch allmählich begann auch die Arbeiterschaft, Urlaub und freie Sonntage zu verlangen.

Als 1891 das englische Wochenende gesetzlich eingeführt wurde – mit arbeitsfreiem Samstag und Sonntag – wurde auch das Bedürfnis nach Orten laut, wo man diese freie Zeit verbringen konnte. Alles träumte von einer Villa am Wasser. Bald schossen selbstgebaute Holzhäuser mit fantasievoller Einrichtung im Umkreis der Städte, der gut mit dem Fahrrad zu erreichen war, wie Pilze aus dem Boden. In den Wochenblättern fand man nicht nur Abbildungen von den Villen des Bürgertums, sondern auch Konstruktionszeichnungen für einfache Häuser zum Selbstbauen – wenn auch selbst diese für die Mehrheit der Leserschaft ein unerfüllbarer Traum bleiben mussten.

Badehäuschen entstanden längs der Küsten. Aus Altblech, vielleicht aus Vaters Werkstatt, gezimmert und wie ein kleines Zirkuszelt mit roten und weißen Streifen bemalt. In den Fenstern hingen rotkarierte Gardinen, drinnen befand sich eine Koje, in der Mutter bis Mittags schlafen konnte, eine Petroleumlampe hing an der Decke und Familienbilder an den Wänden. Jedes Frühjahr zog ein Pferdegespann das Häuschen, das auf Rädern stand, 10–15 Meter weit ins Wasser, und drei Knechte bauten einen Steg ans Ufer. So konnte die Dame direkt in ihr Badehaus gehen und sich fern von neugierigen Blicken umkleiden, bevor sie baden ging. Solche Häuschen – obgleich weiter vom Ufer entfernt und weniger mobil – entstanden bald überall entlang der dänischen Küste.

Als sich dann später das erste Urlaubsgesetz durchsetzte, nachdem jeder Anrecht auf zwei Wochen bezahlte Ferien hatte, vermehrten sich sowohl Schrebergartenhäuser als auch Sommerhütten explosionsartig.

Diese Sommerhäuser bestanden aus Holz und waren im nordischen Stil gebaut, damit Farben und Materialien mit der Natur harmonisierten und die kleinen

Feriendörfer nicht die Umwelt zerstörten. Sie waren spartanisch und praktisch eingerichtet, selten über 30 Quadratmeter groß und hatten bis zu fünf Schlafplätze. Da das Haushaltsbudget keine großen Sprünge erlaubte, aß die Familie meist wie gewohnt Bratwurst, doch gönnte man sich vielleicht ein Bierchen am Abend. Der Ferienluxus bestand ganz einfach darin, wieder Zeit füreinander zu haben. Die Kinder konnten draußen spielen und die Eltern konnten sich einander und den Freunden widmen. In den Feriendörfern traf man sich oft des Abends, es wurde Spiele für Jung und Alt organisiert, man sang zusammen und es herrschte allgemein eine größere Freizügigkeit.

Der Sommerhausstil

Hundert Jahre zuvor hatte das Bürgertum in der Sommerfrische bereits eine einfachere Version des Alltags gelebt. Nun tat die Arbeiterschaft es ihm nach. Man brachte von Zuhause hübsche Gegenstände mit, um dem gemieteten Häuschen seinen eigenen Stempel aufzudrücken. Gute Ideen sprachen sich herum, besonders in der Schlange vor dem Mietbüro: „Ich habe mich mit ein paar Leuten unterhalten, die mit mir Schlange standen, und diese sagten mir: „Denk daran, ein bisschen Zierrat mitzubringen, dann wird es doch gemütlicher." Und ich hab eine Vase mitgeschleppt und ein paar schöne Aschenbecher und ein Tischtuch."

Der Sommerhausstil, so wie wir ihn heute kennen, ist aus dem Drang nach einem leichteren, lichtvolleren Leben entstanden. Man wollte ein Haus mit persönlicher Note, jedoch mit reichlich Platz zum Experimentieren. Sowohl das Bürgertum des 19. Jahrhunderts als auch die Arbeiterschaft des 20. Jahrhunderts verspürten den Drang nach Freiheit, der sich jeweils in ihren Sommerhäusern widerspiegelte.

Heute zieht es viele, sowohl Dänen als auch Touristen, in die Freiheit der dänischen Sommerhäuser. Im Laufe der Geschichte hat sich das Experiment mit einem Urlaubslebensstil, der uns der Natur näher bringt, weiter entwickelt. Das Bedürfnis nach einem zwangloseren, ruhigeren Leben ist mittlerweile dabei, den leichten, lichtvollen Sommerhausstil weiter auszubreiten, damit er uns in allen Jahreszeiten und selbst im Alltag zugute kommt.

„Hier haben wir den Kindern beigebracht,
wie die Welt ohne Straßenlaternen aussieht.
Nachthimmel und Sternengewimmel
werden zu einer fantastischen Szenerie,
der wir beiwohnen dürfen."

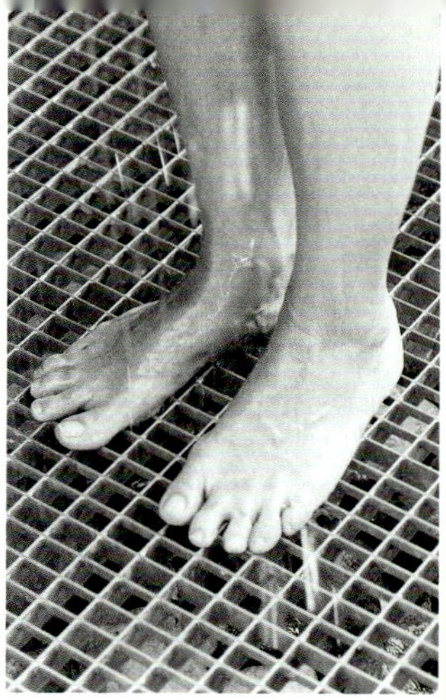

Mit Blick aufs Kattegat

Das kleine, schwarz gestrichene Haus, das ganz weit draußen am Kattegatt liegt, wurde gleich in mehrerer Hinsicht zum Bauplatz für eine junge Familie. Als Marlene und Jens sich kennenlernten, war es nicht nur ihre Liebe für einander, die einen Platz zum Wohnen brauchte. Es mussten acht Kinder in die neue Familie integriert werden, und für so ein Projekt bedarf es mehr als nur ein Fundament aus Liebe. Als sich die vielen und so verschiedenen Mitglieder zu einer Familie zusammenschlossen, wurde gleichzeitig in ein neues Ferienhaus investiert.

Das Familienleben begann in diesem alten Sommerhaus, indem ein großes Bauprojekt in Gang gesetzt wurde. Man hatte ein kleines „Traumbuch" mit Notizen und Zeitungsausschnitten von all dem zusammengestellt, was man sich für ein Ferienhaus wünschte. Diese Skizze wurde zur Grundlage für das neue Haus. In dem Sommer, als das Haus gebaut wurde, campierte die Familie auf dem Grundstück. Marlenes Bruder fungierte als Bauunternehmer, und sämtliche Mitglieder der Großfamilie wurden beim Hausbau eingespannt. Als Erinnerung an ihren Einsatz hinterließen alle ihre Fingerabdrücke im Betonfundament.

Die Wertvorstellungen, nach denen die neue Familie leben wollte, bestimmten auch die Einrichtung. Das Haus ist um einen großen Gemeinschaftsraum herum angelegt, in dem sich alle gemeinsamen Aktivitäten abspielen – selbst der Garten ist im Grunde ein großer Raum mit Küche, Essplätzen und einer Waschgelegenheit. Dieses Leben unter freiem Himmel ist zum gemeinsamen Nenner der neuen Familie geworden. Jeden Tag wird draußen das Essen zubereitet – entweder auf der Kochstelle, auf dem Lagerfeuer oder am Strand. In der übrigen Zeit wird gebadet, geangelt oder man lässt es sich auf einem der vielen fantastischen Aussichtsplätze auf dem Grundstück wohlsein.

Der Großteil der 60 Quadratmeter des Hauses besteht aus einem großen Raum mit Küche, Essplätzen und einem alten Eisenbett, das als Sofa und als Liege dient. Es gibt auch lauschige Ecken zum Träumen oder Basteln. Hier im Sommerhaus geht Jes auch seinem Hobby nach – dem Bauen von Modellschiffen.

Die Angelei ist eines der vielen gemeinsamen Interessen der Familie. Man fischt direkt am Strand oder von dem kleinen Boot der Familie aus. Gefangen werden unter anderem Schollen, Hornhechte oder Lachsforellen, die dann fangfrisch auf dem Lagerfeuer zubereitet werden.

Es ist schon Familientradition, dass die vielen Geburtstage im Sommer im Ferienhaus gefeiert werden. Die Spezialität der Familie ist eine neunstöckige Schichttorte aus frischen Himbeeren und Schlagsahne.

In der alten blauen Keksdose wird süßer Zwieback aufbewahrt, der im Sommer massenweise zu Buttermilchkaltschale, dem klassisch dänischen Sommergericht, verzehrt wird. Die Kaltschale kann mit einer Handvoll frischen Beeren oder frischer Minze variiert werden.

Shark Attack

6 cl Vodka

3 cl Limonade (siehe Rezept Seite 181)

2 Spritzer Grenadine

Alle Zutaten mit Eiswürfeln in ein gekühltes Glas geben, gut umrühren und sofort servieren.

Die Küche besteht aus Gasbeton-Elementen, die Türen sind mit dem gleichen Holz wie die Wände verkleidet. Mitten im Raum steht eine Kücheninsel mit Schränken und Kühlschrank unter der Arbeitsplatte. Die große Porzellanspüle und die schicke Armatur waren nicht billig, doch sie geben dem Raum Charme. Die vielen Küchenlampen hingegen hat Marlene aus ihrer alten Schule gerettet, als sie gegen Leuchtstoffröhren ausgetauscht wurden.

Obwohl das Haus nicht sehr groß ist, ist darin für alle Platz. Um den runden, weißen Holztisch mit drei zusätzlichen Einlegeplatten passen 12 Stühle. Die Stuhlkissen sind mit unterschiedlichen Druckstoffen in Pastellfarben bezogen, die sehr schön mit dem Fußboden aus weißgekalkter Esche harmonieren.

Es gibt viele Plätze zum Schlafen und Träumen hier. In diesem Zimmer befindet sich ein breites Kojenbett und ein antikes, mit weißer Ölfarbe gestrichenes Dienstbotenbett. Die Mückennetze sind nötig, wenn man gerne bei offenem Fenster schläft.

Man hat vom Haus aus einen schönen Blick nach Westen, wo sich die breiten Strandwiesen bis hin zum Hafenstädtchen auf Seelands Landspitze erstrecken. Das Meer ist der unmittelbare Nachbar der Familie und seine verschiedenen Geräusche, vom leisen Glucksen bis hin zum brausenden Sturmtosen, gehören zu den Hintergrundsgeräuschen des Sommeralltags.

Am Strand findet man ungewöhnlich viele Lochsteine, von denen fast jedes Mal eine Handvoll mehr in den verschiedenen Hosentaschen ins Haus kommt, wenn die Familie auf einem Strandspaziergang war. Sie werden zu allem möglichen verwendet, z. B. als Kerzenhalter oder als Gewichte für Tischdecken.

Marlene importiert Gartenstühle aus kanadischer Weißkiefer, einer sehr widerstandsfähigen Kiefernart, die das nördliche Klima sehr gut verträgt. Die Stühle stehen überall auf dem Grundstück verteilt, auf den Aussichtsplätzen, von denen aus man mit einem Glas Wein in der Hand das Meer, den Sonnenuntergang und den Duft der Wildrosen genießen kann.

„Jeden Tag hängen
wir Zuckerstangen
in alle Apfelbäume,
wenn Großmutter auf
Sommerbesuch kommt."

Ein pfiffiges Haus

Zwischen den beschaulichen Häusern mit den manikürten Vorgärten macht das rote Holzhaus mit seinem Strohdach einen irgendwie pfiffigen Eindruck. Ein bisschen, weil es einer schwedischen Sommervilla ähnelt, und besonders deswegen, weil der Garten so unberührt ist wie eine malerische Blumenwiese. Im Laufe des Sommers bildet sich dort allmählich ein System von schmalen Trampelpfaden, denn die vielen Sitzplätze befinden sich sozusagen mitten in der Wildnis. Man hat den Eindruck, als ginge man auf seine eigene kleine Entdeckungsreise, sobald man den Garten betritt.

Der poetische und naive Stil des Gartens ist ganz im Geiste der Familie, die hier wohnt – das sieht man sofort an der Einrichtung. Das 180 Quadratmeter große Haus ist auf drei Etagen verteilt. Da es viele Zimmer und ungewöhnliche Details hat, ist die Einrichtung schlicht gehalten – so kommen die Eigenheiten der Räume besser zur Geltung, und es kommt reichlich Licht herein.

Familie Brandt kaufte das Haus von einem wohlhabendem alten Herrn, der schon mehrere Angebote erhalten hatte. Er hatte alle ausgeschlagen, da er befürchtete, dass die Käufer den Charakter des Hauses verändern würden. Gitte und Thomas hingegen wollten es in der Struktur so lassen, wie es war und nur die Farben sprechen lassen. Sie entfernten die alten Linoleum- und Vinylschichten von den Fußböden und strichen alle Innenwände weiß – die rote Farbe der Fassade hingegen wurde beibehalten. So wurde nicht viel verändert, doch trotzdem hat sich das Haus einer modernen Familie angepasst.

Das Leben im Sommerhaus ist einfach und wiederholt sich von Jahr zu Jahr: Lange Fahrradtouren mit Picknicks, Kajaktouren mit Papa und das alljährliche große Sommerfest, an dem alle Bäume mit bunten Papierlaternen behängt sind und wo gefeiert wird, bis das Morgenlicht durch die hohen Baumkronen blitzt.

Das Grundkonzept dieser Einrichtung sind weiße Wandflächen und ein Minimum an Mobiliar, damit all die aufwändigen Details des Hauses selbst besser zur Geltung kommen. So hat man reichlich Platz zum Arbeiten, ohne dass der allgemeine Eindruck der Ruhe und Ordnung gestört wird. Gittes Markenzeichen sind Wildtiermotive und afrikanische Figuren. Wenn die Inspiration sie überkommt, lässt sie keine Gelegenheit aus, um zu malen.

Die vordere Eingangstür wird eigentlich selten benutzt, denn die vielen Gartentüren stehen ständig offen und gewähren direkten Zugang zu den verschiedenen Wohnräumen. Doch so eine Diele ist praktisch zur Aufbewahrung von Jacken und Gummistiefeln. Früher wirkte sie eng und dunkel, doch durch den weißen Anstrich und die minimale Einrichtung kommt jetzt viel Licht herein.

Die geschnitzten Säulen und Kojenbänke waren bereits vorhanden und wurden nur mit einem weißen Anstrich versehen. Durch die dunkel belassene Decke, die geblümten Stoffe und die Büchersammlung in den Regalen kommt die Lieblings-Kuschelecke der Familie nun richtig gut zur Geltung.

Den Korb-Liegestuhl in der kleinen, ans Wohnzimmer angrenzenden Veranda fand die Familie beim Einzug im Garten. In diesem minimalistischen Rahmen kommt er wieder zu seinem Recht.

Der Tisch im großen Wohnzimmer dient als Arbeits- und Esstisch. In der Schublade unter der Tischplatte werden daher nicht nur Bestecke, sondern auch Malutensilien aufbewahrt. Die zwanglosen Stuhlbezüge kann man je nach Lust und Laune schnell auswechseln.

Die Kinderzimmer im ersten Stock unter der Dachschräg werden im Sommer zwar ziemlich selten benutzt, doch bei Regenwetter ist es schön, seine eigene kleine Oase zu haben.

Le plus

La Première
L'Hippopotame

Die Familie sammelt Tee- und Kaffeegeschirr in allen Formen und Farben. Auf den offenen Regalen ausgestellt wirkt die Sammlung dekorativ und sehr persönlich.

Die Küche wurde so gelassen, wie sie war – nur der weiße Anstrich, die Arbeitsplatte und ein paar offene Regale sind neu. Vor den Sprossenfenstern hängen, wie auch im übrigen Haus, keine Gardinen, denn die vielen Bäume rund um das Haus sorgen für einen natürlichen Lichtfilter.

Die Veranda im ersten Stock ist der Lieblingsraum der Familie. Das Licht ist einfach fantastisch, und wenn Gitte nicht draußen malen kann, hat sie hier drinnen reichlich Platz dafür.

Brandt

Limonade mit Wassermelone

300 g Wassermelone, in Würfeln
1 El Zitronensaft
500 ml Limonade (siehe Rezept Seite 183)
Nach Geschmack 1 El Rosenwasser zugeben.

Die Wassermelone mit dem Zitronensaft und einem Teil der Limonade im Mixer oder mit dem Pürierstab fein zerkleinern, auf gekühlte Gläser mit Eiswürfeln verteilen und mit der restlichen Limonade auffüllen, sofort servieren.

Die Gästezimmer befinden sich in einem Anbau, der keinen direkten Zugang zum Haus hat. Die Eingangstür öffnet sich auf die überdachte Terrasse – so kann es passieren, dass sich die Mädchen dort schlafen legen, wenn die Großen abends draußen feiern.

Carl Nordenfalk VAN GOG
Paul Auster i DET SIDSTES LaND
Paul Auster
ILLUSIONERNES BOG
POPPEL
22/5-68

Gitte malt im Sommer sehr viel, denn in dem großen Haus ist viel Platz dafür – und je nach Laune Ruhe oder Gesellschaft.

Auf den Wandregalen in der Kuschelecke ist reichlich Platz für Bücher und Sammlungen, sodass man den Fußboden nicht mit Möbeln zustellen muss.

Der weiß gestrichene Fußboden der Veranda steht in hübschem Kontrast zur roten Farbe des Hauses. Die Veranda liegt gut geschützt von Wind und Regen und dient daher als Draußen-Wohnzimmer, wo man Kissen und Decken getrost den ganzen Sommer über liegen lassen kann.

Babar's Picnic
Babar's Christmas
Céleste
Céleste

„Hier kann man
sich von der Welt
zurückziehen
und das Einsiedlerleben
führen, das wir alle
manchmal brauchen."

Von Rosen umgeben

Wenn sie einmal eine eigene Familie haben würde, bräuchte sie auch einen Platz, an dem man sich in aller Ruhe einander widmen konnte. Das war Helle immer klar. Dieser Ort ist nun ein kleines rotgestrichenes Häuschen. Mit seinen ganzen 40 Quadratmetern war es genau so, wie es sich Helle einst erträumt hatte. Nach vielen Sommern in der Hütte jedoch war die Familie so gewachsen, dass man anbauen musste. Da Charakter und Charme des Originalhauses nicht zerstört werden sollte, wurde dafür ein Architekt zu Rate gezogen. Man entschied sich für einen Anbau hinter dem Haus, der die Wohnfläche auf insgesamt 90 Quadratmeter vergrößerte. Dadurch wurde auch die Möglichkeit geschaffen, rund um das Haus mehrere Veranden, eine überdachte Terrasse sowie einen Innenhofgarten anzulegen.

Der zum Haus gehörige Garten hat einen fruchtbaren Boden – und das Rosenzüchten ist Helles große Leidenschaft. Überall ranken sich Kletterrosen, die den ganzen Sommer über blühen und das ganze Haus mit ihrem wunderbaren Duft erfüllen. Die Kinder können alle Arten von Beeren direkt von den Sträuchern pflücken, und aus den Holunderbeeren wird Saft gemacht.

So ist das Haus in jeder Hinsicht zu der Ruheoase geworden, die sich die Familie erträumt hat. Im Laufe der Jahre haben sich hier liebgewordene Gewohnheiten und Traditionen entwickelt, doch jedes Jahr wird der Sammlung von schönen Ferienerinnerungen etwas Neues hinzugefügt.

Das Wohnzimmer ist Teil des ursprünglichen Hauses. Wenn man am Fenster sitzt, hat man den Eindruck, sich auf einer kleinen Veranda zu befinden, denn vor der Tür liegt eine Pergola. Hinter der Wohnstube liegt das Esszimmer, das jedoch im Sommer so selten benutzt wird, dass es sich zu einem Arbeitsraum entwickelt hat. Der Fernseher befindet sich übrigens in dem kleinen Wandschrank.

Der hübsche Bettüberwurf aus weißer Baumwolle war ursprünglich für ein Einzelbett gearbeitet worden. Für den Umzug ins Ehebett wurde kurzerhand etwas angehäkelt.

In dem neun Quadratmeter großen Anbau hat Tochter Sophie ihr Reich. Durch das Fenster sieht man auf den Innenhof und die Küche im Haupthaus. Sophie hat sich im selben Stil wie die Eltern eingerichtet, aber für die persönliche Note sorgen allerlei Flohmarktfunde aus der Umgebung.

Die Korbstühle und ein Esszimmertisch waren das einzige Inventar, das Helle und Dan beim Hauskauf mit übernommen hatten. Als sich die Nachbarn von einer zu den Stühlen passenden Korbbank trennten, fand diese einen Platz unter der Pergola.

Etagenbetten sind eine platzsparende Lösung. Will man jedoch partout sein eigenes Reich, ist das kein Problem, denn diese lassen sich leicht in zwei Einzelbetten auseinandernehmen.

FAR'S
ØLKASSE

Die Küche ist sehr klein: ganze 6 Quadratmeter. Da offene Schranktüren die Bewegungsfreiheit zu sehr einengen würden, hat man sich auf Regale beschränkt, die unter der Arbeitsplatte durch Baumwollvorhänge verdeckt sind. Die Doppeltür öffnet sich zum Innenhofgärtchen.

Der Kamin war bereits vorhanden, es wurde nur ein gusseiserner Ofeneinsatz dazugekauft. Die dunkle Farbe der Ziegel gibt der hellen Einrichtung des Hauses eine rustikale Note.

Cape Cod-Cocktail

6 cl Vodka

18 cl Preiselbeersaft

1 Limettenscheibe

Vodka und Saft mit Eis verrühren und auf Gläser verteilen, mit einer Limettenscheibe garnieren und sofort servieren.

Zusammen mit Haus und Familie wachsen auch die schönen Erinnerungen an die Sommerzeit mit den Kindern – davon legt das Haus überall Zeugnis ab. Kein Familienmitglied kann sich einen Sommer anderswo vorstellen.

In dem hohen Schrank ist unten der Kühlschrank untergebracht. Er läßt sich nur von der dahinterliegenden Küche aus öffnen. Der obere Schrankteil wurde zugefügt, damit das Möbelstück mit dem Wohnzimmer harmoniert.

Havens rum
MYTEN MØLLER
THE WORLD OF PERFUME
CATH KIDSTON
JANE CUMBERBATCH

„Wir fühlen uns gesünder
und kräftiger,
wenn wir hier wohnen –
und wir hoffen, dass wir noch viele
Jahre hierher kommen können.“

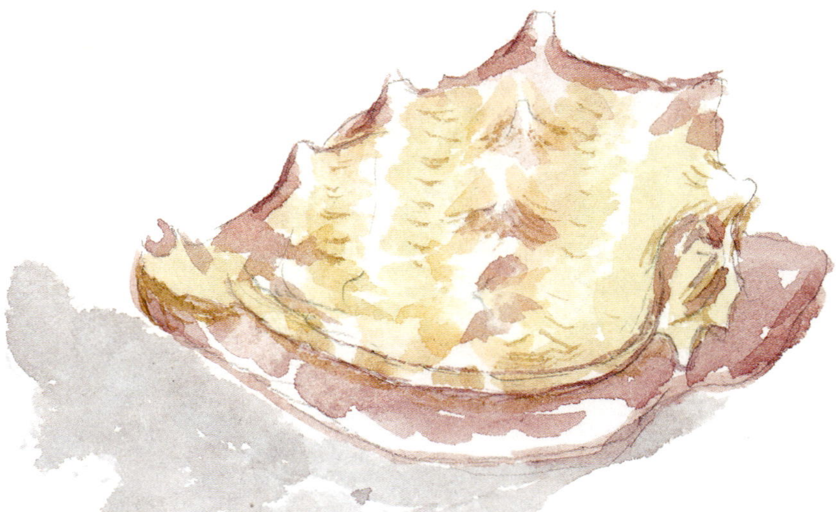

Mitten in der Heide

Eno heißt das braungestrichene Holzhaus mit den weißen Fensterrahmen. Es war nämlich das erste von sechs Häusern, die in den 1930er-Jahren auf parzelliertem Heideland in der Sejerøbucht gebaut worden waren. Es ist umgeben von einem Heideteppich und alten, windschiefen Kiefern.

1960 übernahm das junge Lehrerehepaar Bodil und William mit ihren drei kleinen Kindern das Häuschen. Es war zwar einfach, aber solide gebaut. Es gab keine modernen Installationen – das Wasser holte man vom Brunnen, Petroleumlampen sorgten für die Beleuchtung, und hinter dem Haus stand das Klohäuschen.

Als die Kinder größer wurden, musste auch das Haus mitwachsen. Zuerst wurde eine Veranda gebaut. Als die Kinder zu Teenagern wurde, kam ein Anbau dazu, und ein Badezimmer war ebenfalls nötig.

Mittlerweile sind Bodil und William pensioniert und leben nun das ganze Sommerhalbjahr über hier. Zwar wird das Haus liebevoll instandgehalten, doch am Stil ändert sich nichts, denn er passt einfach zu ihnen und ihrem Häuschen. Bodil und William genießen ihr Sommerhaus-Rentnerleben in vollen Zügen. Die langen Spaziergänge und Fahrradtouren in der Natur, das Baden im Meer und all die Verrichtungen des Alltags, vom Essen kochen bis hin zur Gartenarbeit, halten sie auf Trab. Sie sind froh darüber, der Natur so nah zu sein und jeden Tag so leben zu können, wie es ihnen gefällt.

Das ursprüngliche Heidegrundstück wurde weitgehend so belassen, wie es war. Im Küchengarten stehen Rhabarber, Himbeer- und Blaubeersträucher – und ein kleines Treibhaus für Gurken und Tomaten.

Zwischen dem Haupthaus und dem Anbau, der für die halbwüchsigen Kinder zugefügt wurde, entstand eine Terrasse, die durch einen großen Mirabellenbaum natürlich überdacht wird. Die Bänke hat William nach dem Modell des alten Rathausmobiliars selbst getischlert.

William und Bodil lieben gutes Essen, und ein guter Teil ihrer Sommerkost stammt aus eigener Ernte. Alles wird sehr sorgfältig zubereitet. Gegessen wird je nach Wetter im Garten oder auf der Veranda.

Die Küche ist noch im Originalzustand, es sind nur ein Kühlschrank, fließendes Wasser und Strom hinzugekommen. Die nostalgischen Farben und die gemütliche Einrichtung bilden den passenden Rahmen für die Kochkunst des Ehepaars, das großen Wert auf selbstgezogene Zutaten legt. Der Küchengarten hält hier auch in Form von getrockneten Kräutern und frisch gepflückten Blumen Einzug.

Lemoncello

Schale von 12 unbehandelten Zitronen
1 l 96%iger Alkohol oder Vodka
5 dl Zucker
7 dl Wasser

Lemoncello braucht seine Zeit, daher setzt man am besten gleich eine größere Menge davon an.

Zitronen schälen, Schalen und Vodka zusammen in ein Deckelglas geben. In einem dunklen Raum 40 Tage stehen lassen.

Wenn die Essenz fertig ist, Zucker und Wasser in einen Topf geben und aufkochen lassen, dabei rühren, bis sich der Zucker ganz gelöst hat. Abkühlen lassen und die Zitronenessenz hineingeben, gut verrühren. Die Zitronenschale aussieben und den Lemoncello kalt lagern, evtl. im Gefrierschrank. Eiskalt servieren.

Das kleine Stoffkänguru auf dem Radio hat Bodil für die Kinder genäht, als diese noch klein waren. Nun wohnt es im Sommerhaus, wo die vielen kleinen Gäste fleißig mit ihm spielen.

William hatte zwischen die beiden Originalkojen noch eine dritte eingebaut, damit drei Kinder Platz hatten. Inzwischen ist diese wieder entfernt worden, und nun hat man wieder reichlich Platz.

Durch das ganze Haus ziehen sich das Weiß der Wände, die goldbraunen Holztöne und das klare Blau der bemalten Flächen. Vor dieser Farbharmonie kommen die Details gut zur Geltung. Der Blick bleibt an den vielen verschiedenen Stoffmustern und den überall im Haus verstreuten Kuriositäten hängen, sodass selbst alltägliche Gegenstände dekorativ wirken.

„Jeden Tag müssen wir
mit den Fahrrädern
zum Einkaufen fahren.
Auf dem Lande leben wir ohne
moderne Hilfsmittel."

Das Recyclingparadies

Nach einem zögerlichen Anfang mit dem Bau einiger Sommerhäuser in der Sejerøbucht griff die Parzellierung im Laufe der nächsten Jahrzehnte ernsthaft um sich. Die Preise stiegen ständig, und so beschlossen Bodil und William, in ein weiteres Grundstück in der Nähe ihres Sommerhauses zu investieren. Die Wahl fiel auf ein 1200 Quadratmeter großes Stück Land, das völlig mit Disteln und Wildblumen überwuchert war. Sie hatten eigentlich nicht vor, darauf zu bauen, sondern wollten es eines Tages mit Gewinn weiterverkaufen.
Doch das Grundstück wurde dann doch nie verkauft, denn als der Sohn des Ehepaares mit seiner Familie nach einem Ferienplatz suchte, kam es wie gerufen. Anfangs zeltete man mitten in dieser Wildnis, doch mit der Zeit wurde der Wunsch nach einem Häuschen laut - gerade groß genug für ein Dach über dem Kopf und ohne allzu viele moderne Einrichtungen, damit man darin immer noch das einfache Leben erfahren konnte.

Das Projekt durfte auch nicht viel kosten, und so begann man, alles Recyclingmaterial zu sammeln, dessen man habhaft werden konnte. Glücklicherweise baute ein Nachbar gerade ein neues Haus, und die Familie erhielt die Erlaubnis, das alte abzureißen und als Baumaterial auf dem eigenen Grund und Boden zu verwenden. Was sonst noch fehlte, besorgte man sich von Abrisshäusern in Kopenhagen.

Als das Haus fertig war, hatte es gerade 16 Quadratmeter Wohnfläche. Es besteht aus einem großen Raum mit Alkoven und Schlafboden. William und Bodil bestellen den Sommer über den Garten, und ihre Kinder und Enkelkinder nehmen, wann immer sie können, die Gelegenheit wahr, zurück zur Natur zu gehen.

In der alten Gasform wird Brot gebacken. Für Ungeübte liegt immer eine Gebrauchsanweisung dabei.

Die Küche ist primitiv - das Wasser muss von einer Wasserleitung oben an der Straße geholt werden. Wenn viele Gäste da sind, wird im Garten gegrillt. Es sind oft mehr Bewohner als Schlafplätze im Haus - dann wird entweder im Garten ein Zelt aufgeschlagen, oder die Kinder kriechen bei Oma Bodil und Opa William unter, die nur ein paar Häuser weiter wohnen.

Die Waschschüssel ist eine relativ neue Anschaffung. Im Haus ist kein Badezimmer, aber es ist doch schön, wenn man sich beim Essen zubereiten die Hände waschen kann. Auch im Waschhäuschen gibt es kein fließendes Wasser.

Das kleine Haus hat zwei Schlafplätze - ein Alkoven für zwei, die nicht viel Platz brauchen, und ein Hochbett für zwei oder drei Personen. Die Leiter stammt aus einer alten Turnhalle - Recyclingmaterial wie alles andere im Haus.

FUGLE I EUROPA

Es gibt keinen Strom, also müssen die altbewährten Petroleumlampen herhalten. Die Tischplatte hat William aus einem alten Parkettboden getischlert, die vier Stühle für rund 15 Euro bei der Heilsarmee gekauft.

Es gibt viele Kräuter im Garten – sofern diese nicht in der Küche landen, wird daraus Schnaps, Kräuteressig oder Gewürzlake hergestellt.

Bloody Mary

6 cl Vodka, 12 cl Tomatensaft,
1 cl Zitronensaft , 1-2 Tropfen Tabasco,
Nach Geschmack frisch gemahlener schwarzer Pfeffer, 1 Stange Bleichsellerie
Vodka, Tomatensaft, Zitronensaft und Tabasco mit zerstoßenem Eis in einen Cocktailshaker geben, gut schütteln und auf Gläser verteilen. Mit Pfeffer bestreuen und mit einer Selleriestange garniert servieren.

Von der überdachten Terrasse aus hat man einen guten Ausblick über den naturwilden Garten. In einem abgezäunten Teil werden Kräuter und Gemüse gezogen. Die Ernte von den zahlreichen Obstbäumen – Pflaumen, Kirschen und Äpfel – wird sich redlich mit den Rehen geteilt, die des Nachts in den Garten kommen.

Die Schranktüren sind Fundstücke – William baute Schränke, die dazu passten. Eine große, in den Boden eingelassene Milchkanne neben der Arbeitsplatte vor dem Haus fungiert als behelfsmäßiger Kühlschrank – aber für verderbliche Lebensmittel muss man doch täglich mit dem Fahrrad zum Kaufmann radeln.

Es wird einem immer so froh und stolz ums Herz, wenn sich am Strand alle um das Feuer versammeln und Sonnenwendlieder singen."

Pinocchio
WALT DISNEYS
TEGNEFILM
i FARVER

Ganz in Weiß

An einem stillen Kiesweg, der zum Strand führt, liegt ein schwarzes Holzhaus mit roten Fensterläden. Es ist rundum von einem 4000 Quadratmeter großen Garten umgeben, eines der ersten Grundstücke, die von der imposanten Privatvilla abgeteilt worden waren, die zum Strandhotel des Ortes umfunktioniert wurde.

Das Holzhaus wurde mit all seinem ursprünglichen Charme erworben, doch es war sehr heruntergekommen. So warf sich die Familie, die das Haus gekauft hatte, zunächst einmal auf die umfangreiche Instandsetzung. Nun ist das 175 Quadratmeter große Haus wie eine moderne Sommervilla eingerichtet, doch der ursprüngliche Stil wurde dabei bewahrt und liebevoll herausgearbeitet.

Die Familie ist beruflich sehr eingespannt, weshalb sie wenig Zeit für Gäste hat – doch alle sind sich einig, das ideale Sommerhausleben eigentlich anders aussehen sollte, denn hier ist reichlich Platz für Erwachsene, Kinder und Hunde. Hier passen viele Menschen hinein, die sich – Gäste eingeschlossen – die praktischen Aufgaben eines großen Haushalts sehr gut teilen können.

Die Familie hat mehrere Jahre in London gewohnt – es ist überall im Haus zu merken, dass der englische Country-Stil die Inspiration für die Einrichtung war. Kombiniert mit der skandinavischen Vorliebe für lichterfüllte Räume und einfache Möblierung ist dieser Stil für eine Sommervilla einfach perfekt.

Der Kamin im Wohnzimmer und die Duschkabine hinter dem Haus sind beide sehr ausladende Konstruktionen, doch da sie in der Farbgebung dem jeweiligen Hintergrund angepasst wurden, fügen sie sich sehr homogen in ihre Umgebung ein.

Die vielen Kleinmöbel sind nicht nur dekorativ, sondern auch praktisch. Der Abstelltisch wird bei Regenwetter zum Arbeitsplatz. Schemel und Sofatische dienen zur Ablage von Büchern oder Puzzlespielen oder als Sitzgelegenheiten bei großen Gesellschaften.

Lose Sesselbezüge, Kuscheldecken und massenweise Kissen sind das Markenzeichen dieser Einrichtung. Die dunklen Türen und Türrahmen sind ein Originalmerkmal des Hauses und wurden durchweg beibehalten. Wenn die Jalousien hochgezogen sind, kommt jede Menge Tageslicht ins Haus, und die hübschen Sprossenfenster mit Gartenblick verschwinden nicht hinter den Stoffmassen traditioneller Gardinen.

Der gusseiserne Ofeneinsatz ist Sommers wie Winters fleißig in Benutzung. Weihnachten wird gemäß der Familientradition hier im Hause gefeiert, und da ist so ein warmer und gemütlicher Kamin besonders wichtig. Die praktische Duschkabine draußen wird nur im Hochsommer benutzt – aber es ist einfach ein besonderes Erlebnis, wenn man beim Morgenbad die Vögel um sich herum singen hört.

MATISSE

Birds Eye View of Dubai

Die Schränke unter der Arbeitsplatte am Küchenfenster sind neu gekauft worden, da die Einrichtung vor allem praktisch sein sollte. Die Türen bekamen jedoch anschließend einen leichten Abschliff, der ihnen eine zum restlichen Haus passende Patina verlieh. Das kleine Sofa war eigentlich für Zaungäste gedacht, die dem Koch Gesellschaft leisten – doch mittlerweile hat der Haushund den Platz für sich beschlagnahmt. Durch den geblümten Überwurf passt der „Hundekorb" gut zur restlichen Einrichtung.

Blue Margarita

6 cl weißer Tequila, 3 cl blauer Curaçao, 1 El Triple Sec, 4 1/2 cl frischer Limettensaft, grobes Salz, 1 Limettenschnitz
Das Salz auf einem kleinen Teller verteilen. Den Rand eines Glases mit dem Limettenschnitz befeuchten und in das Salz tauchen. Die restlichen Zutaten mit gestoßenem Eis in einen Cocktailshaker geben und gut schütteln, in das Glas geben und sofort servieren.

Die Familie hat schon immer Porzellan gesammelt, jedoch keine bestimmte Sorte. Es muss nur blau sein oder ein blaues Muster haben, dann passt die Sache schon. Auf Antiquitäten- oder Flohmärkten gibt es immer etwas zu finden. Und die vielen verschiedenen Muster und Formen des „blauen Geschirrs“ sind immer wieder spannende und sehr individuelle Hingucker auf dem gedeckten Tisch.

Kücheninventar, dass nicht in den Schränken Platz findet, wird in offenen Regalen und alten Bücherschränken schön zur Schau gestellt. Das passt besser zum Stil des Hauses als eine komplette Einbauküche. Trotzdem wirken die vielen Gegenstände der Küche nicht wimmelig, denn die überwiegend weißen Flächen des Hintergrundes sorgen für einen ruhigen Gesamteindruck.

Die vielen liebevollen Details, Kerzen und Bilder an den Wänden laden zum Verweilen ein. Es ist zu merken, dass hier eine Familie wohnt, die die vielen Verrichtungen des Alltags durchaus als angenehme Beschäftigung wahrnimmt.

morsø
GODIN

Die fünf Schlafzimmer des Hauses sind immer für Übernachtungsgäste bereit. Jedes Zimmer hat seinen ganz eigenen Charme, daher dauert es gar nicht lange, bis die Truhen und Schränke mit Beschlag belegt und die Koffer weggeräumt sind. Hier zieht man ein, ob für ein Wochenende oder den ganzen Sommer. Vom Fenster der oberen Koje kann man nachts die Sterne betrachten – daher ist dieses Zimmer der Lieblingsplatz der Kinder.

Alle Schlafzimmer sind unterschiedlich eingerichtet, doch lassen sich die meisten Betten sehr einfach bewegen, so dass jeder seinen Traumplatz finden kann. Da alle Zimmer um die Küche herumliegen, ist das der beliebteste Morgentreffpunkt. Auch die Lampen und Kleinmöbel sind sehr beweglich – so ist immer genug Licht zum Lesen und Platz zum Sortieren der Muschelsammlung vorhanden. Und jeder kann sich in seine eigene Ecke zurückziehen.

Die Schlafzimmer befinden sich an gegenüberliegenden Enden des Hauses, mit jeweils einem Badezimmer. So braucht man auf sein Morgenbad nicht allzu lange zu warten. Alle Schlafzimmer hatten jedoch seit jeher ein Waschbecken. Das klare Blau der Türen und das Weiß der Wände sind das Hauptmotiv, das sich in den Details der Einrichtung in vielen Variationen wiederfindet und dafür sorgt, dass alles wie aus einem Guss wirkt.

Zwei antike Lockenten machen es sich auf der Fensterbank gemütlich, und die Gardinenschnur ziert ein Stück Treibholz. Viele dekorative Details haben ihren festen Platz, andere wandern von Ort zu Ort – das alles sorgt für einen harmonischen Gesamteindruck, und doch sieht man die Dinge immer wieder neu und anders.

Die Holzverkleidung der Wände wurde auch für die neuen Badezimmer übernommen. Spiegel, Regale und Kleinmöbel sind zumeist Funde von den Antikmärkten der Umgebung. Auch die Badezimmer haben ihre ganz besondere Atmosphäre, die sich nicht nur aus ihrer Funktion herleitet. Ein schöner alter Stuhl, eine Schale mit Rosenblättern oder eine schöner Glaskrug – es sind die kleinen Dinge, die den Unterschied ausmachen.

„Das Schönste ist es, morgens mit nackten Füßen durch das taunasse Gras zu gehen, während rundherum der Tag erwacht.“

In einem Kopenhagener Schrebergarten

Mit dem Fahrrad sind es nur zehn Minuten vom Kopenhagener Zentrum bis zu den Schrebergartenkolonien und Nutzgärten hinter dem Deich von Christianshavn. Dort ist jedes Häuschen an den schmalen Kieswegen ein windschiefer und doch bezaubernder Lebenstraum vom eigenem Garten voller Sommerdüfte. In den Schrebergärten genießt man das Leben in vollen Zügen, solange dort die Wasserleitungen in Betrieb sind: von März bis Oktober.

Eines der Häuschen am Wegesrand gehört Lisbett und Jakob. Sie verlegen nun jeden Sommer ihren kleinen Familienhaushalt in die Gartenkolonie. Doch bevor das Häuschen ihren Bedürfnissen gerecht wurde, war einiger Arbeitseinsatz notwenig. Wände wurden abgerissen, dunkle Farbflächen übermalt und Licht ins Haus geholt. Auch eine große, überdachte Terrasse wurde angebaut, und hier lebt – und schläft – die Familie, wenn das Wetter es zulässt.

Die Einrichtung ist spartanisch und flexibel, denn die Räume haben mehrere Funktionen zu erfüllen. Im Sommer gibt es reichlich Gäste, aber auch im Alltag wird viel Platz gebraucht, denn Lisbett und Jakob sind beide Freiberufler und arbeiten häufig zu Hause.

Der Einrichtungsstil wird beherrscht von weiß gestrichenen Fußböden und Wänden mit markanten Farbkontrasten auf kleineren Flächen, gut durchdachten Unterbringungslösungen und alten, bunt gestrichenen Möbeln und Flohmarktfunden. Preiswerte und fantasievolle Lösungen sind das A und O.

Der einstmals penibel durchgeplante Garten war im Laufe der Zeit völlig verwildert. Ganz langsam hat er unter den Händen der Familie wieder Form bekommen: mittlerweile wachsen hier Apfelbäume, Rosensträucher, Lavendel und Kräuter und es soll noch mehr hinzukommen. Der halbwilde Aspekt jedoch soll unbedingt beibehalten werden.

Das Kücheninventar stammt hauptsächlich vom Flohmarkt und vom Sperrmüll, doch ein paar Dinge sind Neuanschaffungen im Retrolook. Die bunte Stil- und Farbenmischung sorgt für eine zwanglose, sommerliche Stimmung. Vieles, das in den städtischen Alltag nicht mehr hineinpasst, findet seinen Weg in das Sommerhaus. Die Einrichtung in der Stadtwohnung ist modern und minimalistisch, und so ist das Sommerleben im Schrebergarten ein willkommener Kontrast.

Beim Abbeizen der Einbauschränke kam auf einmal dieses leuchtende Grün zum Vorschein, in das Lisbett und Jakob sich sofort verliebten. Sie ließen die Farbe erneut anmischen, und so erglänzte das Mobiliar bald in alter Pracht. Über eine Klappe im Fußboden geht es in einen kleinen Kartoffelkeller, wo man Lebensmittel im Sommer kühl lagern kann. Wenn es draußen kalt ist, dient die Küche auch als Badezimmer, denn draußen im Waschhaus kann es dann recht ungemütlich werden. Zwar sind viele Einrichtungen im Schrebergartenhaus nur Provisorien, doch es ist der Familie wichtiger, hier ihren Traum vom einfachen Leben ausleben zu können, als Zeit und Geld in umständliche Projekte zu investieren.

VOSS
NESCAFÉ

NESCAFÉ
GULD
Rund
og mild
60 KRUS

Die Türen in den hellen, weißen Räumen stehen meist zum Garten hin geöffnet. Die Tür im Bild führt momentan direkt nach draußen, aber es ist geplant, hier noch eine überdachte Terrasse anzulegen. Der Ofen ist an Regentagen stets im Einsatz und hält das Haus warm und trocken. Zwar gibt es elektrisches Licht, aber die Familie verwendet drinnen wie draußen überwiegend Kerzen und Petroleumlampen.

Peppermint Patty

6 cl weiße Crème de Cacao
6 cl weiße Crème de Menthe
Zutaten mit zerstoßenem Eis in einen Cocktailshaker geben, gut mischen und sofort servieren.

Weiß ist die Grundfarbe in dieser Schreberhütte – daher wirken die durch Mobiliar und Accessoires gesetzten Farbakzente umso kräftiger. Die Palette erstreckt sich von gedämpftem Pastell bis hin zu scharfen, klaren Tönen – weniger einem klaren Konzept als vielmehr der Augenblickslaune folgend. Ist man den Stil plötzlich leid, werden die Möbel umgestrichen und die Textilien ausgetauscht – und schon sieht alles ganz anders aus.

Überall im Garten sind Sitzecken verstreut, in die man sich für ein beschauliches Stündchen zurückziehen kann. Im Sommer kann man alle Verrichtungen des Alltags in den Garten verlegen. So wird es zum Vergnügen, im Schatten der Bäume zu sitzen, einen abgerissenen Knopf anzunähen, den Rosenduft zu genießen und Erdbeeren zu putzen. Wird zuhause gearbeitet, braucht man nur Sonnenschirm, Klapptisch und Laptop – fertig ist das Büro unter freiem Himmel.

Das Schlafzimmer ist nicht viel größer als ein Alkoven. Für die Matzratze wurde schon etwas Geld investiert, doch der Bettkasten ist aus Holzresten getischlert, die beim Verandabau abfielen. Durch das Fenster sieht man in einen Durchgang, der als Abstellraum dient und wo auch der Kühlschrank steht.

Obwohl man spartanisch und praktisch eingerichtet ist, dürfen natürlich Kindermöbel und Spielsachen nicht fehlen, denn die Schreberhütte ist die Sommeroase für die ganze Familie. In einer minimalistischen Einrichtung kommen die einzelnen Elemente umso stärker zu Geltung. Wenn man soviel Platz hat, ist es fast unmöglich, Unordnung zu schaffen – das Resultat ist eine Mischung von Ruhe und Zwanglosigkeit.

Umberto Eco Rosens navn
Forum
RENNIE AIRTH
Svindler kvartetten
FJERNT FRA DANMARK

„Wenn wir an die letzte
Kurve kommen,
bevor man das Haus sehen kann,
freuen wir uns schon riesig,
wieder hier zu sein."

Das Erbstück wird zum Traumhaus

Ende der 1930er-Jahre investierte Nanetts Familie in fünf Grundstücke am Strandweg in Tisvilde. Einige davon verblieben in der Familie, und als die neugebackenen Eltern Nanett und Bo das Haus eines Onkels erbten, mussten sie schon etwas Arbeit investieren, um daraus ihr Traumhaus zu machen. Sie hatten ein Haus mit verputzten Wänden übernommen, doch sie sehnten sich nach offenen Räumen und Naturmaterialien.

Zunächst erschien es, als müsste man dafür das alte Haus abreißen, doch dann hatte ein Freund den rettenden Einfall. Die eine Hälfte des Hauses wurde belassen, wie sie war – die Außenwände wurden mit Holz verkleidet. Die andere Hälfte wurde bis auf die tragende Konstruktion abgerissen und in die so entstandenen Zwischenräume Glasfenster eingesetzt. Jetzt hat das Haus 130 Quadratmeter Wohnfläche. Das Dach erstreckt sich an einem Ende über einen Laubengang, der sich rund um das ganze Haus und dessen zahlreiche Terrassen zieht.

Es gibt einen großen Gemeinschaftsraum mit Küche, Essbereich, Sofa- und Leseecken sowie einem großen Bett, in dem es sich die Familie Tag und Nacht gemütlich macht. Fast alle Zimmer haben einen direkten Zugang zum Garten. Die Töchter des Hauses wohnen in einem Anbau mit 2 Zimmern.

Von Mai bis August hält sich die Familie in diesem Sommerhaus auf. Das Leben hier spielt sich im wesentlichen im Gemeinschaftsraum ab. In diesem engen Familienverhältnis haben jedoch auch jede Menge Gäste Platz. Die Oma wohnt gleich nebenan – und so kommen die Enkelinnen oft schon zum Morgentee und experimentieren mit Großmutters altmodischen Carmen-Lockenwicklern.

Eistee mit Rhabarber

250 g Rhabarber

1 l Wasser

150 g Zucker

frische Minze

1/2 l Wasser

Den geputzten und in Stücke zerteilten Rhabarber mit Wasser ca. 5 Minuten kochen und eine Stunde stehen lassen. Den Saft abseihen und kalt stellen. Ein paar Minzestängel mit 1/2 l kochendem Wasser übergießen, 10 Minuten ziehen lassen, abseihen und kalt stellen. Minztee und Rhabarbersaft mischen, mit Eiswürfeln und mit frischer Minze garniert servieren.

Das dunkle Holz und das Goldbraun der Körbe, die überall im Haus verteilt sind, bilden einen schönen Kontrast zu den vielen weißen Flächen und dem starken Tageslichteinfall. Das Resultat ist ein moderner, jedoch romantischer Stil. Die Körbe sind ständig in Benutzung – als Brotkorb, Tablett und zum Einkaufen. Trotz der verschiedenen Formen und Farben passen sie durch das natürliche Material zum übrigen Stil des Hauses.

Tisvilde ist für seine schönen Flohmärkte bekannt – und so finden beinahe jeden Samstag etliche neue Funde ihren Weg ins Sommerhaus.

Die Jalousien sind notwendig, um den Einfall des Sonnenlichts zu regulieren. Bei so viel Glas fungieren sie nachts auch als Wandersatz, wenn man es gern dunkel hat. Im Sommer wird das Bett gern auf die Pergola geschoben, damit man beim Einschlafen den Sternenhimmel betrachten kann.

Es sind nur ein paar Schritt vom Bett zum Sofa – die Kinder schlafen gerne in unmittelbarer Nähe der Erwachsenen ein, während diese sich leise unterhalten oder in Büchern blättern.

Rund ums Haus befinden sich Terrassen auf verschiedenen Ebenen. Manche sind teilweise oder völlig überdacht, andere stehen frei. Durch Schiebetüren verschwinden die Übergänge zwischen Drinnen und Draußen – das schafft viele Quadratmeter zusätzliche Wohnfläche!

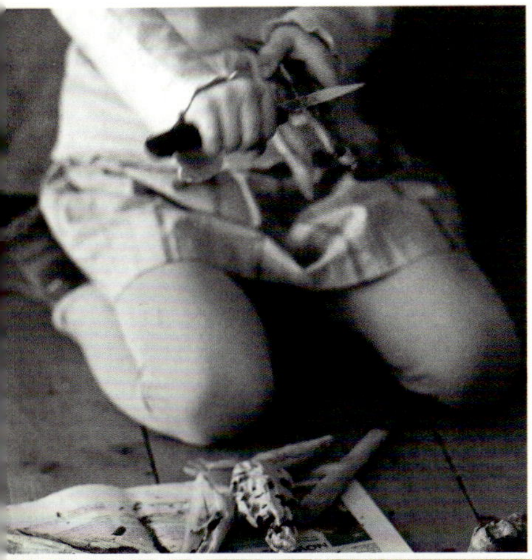

Täglich werden kleine Schätze vom Strand oder aus dem Wald in Haus getragen. Sie werden zu Collagen, Skulpturen oder Gebrauchsgegenständen verarbeitet, die entweder im Haus bleiben oder im Herbst mit nach Hause genommen werden.

Die Konsole hatte eine andere Familie entsorgt, aber neben dem alten Lehnstuhl von Bos Großvater ist sie zu neuen Ehren gekommen. Zwar ist der Stuhl gepolstert, aber hier bekommt er jeden Sommer einen neuen Stoffüberwurf.

BREAD

Das enge Verhältnis zur Natur reflektiert sich nicht nur in den Materialien, sondern auch den Gewohnheiten der Familie. Von Küchenbereich und Essecke hat man freie Aussicht nach draußen auf die Terrasse. Der Essplatz wird nicht durch Trennwände definiert, sondern ist mit seinen warmen Farben und Kerzenschmuck das lebendige Herzstück des Hauses.

Vom Küchenbereich aus hat man freien Ausblick auf die verschiedenen Terrassen und in den Wohnbereich. Der Esstisch steht im Zentrum und lädt mit seinen Korbstühlen zu langen, gemütlichen Mahlzeiten ein. Auch wenn die Kinder nicht den ganzen Abend mit zu Tisch sitzen, bleiben doch Alt und Jung beieinander, denn der große Raum hat Platz für viele Aktivitäten.

„Nun haben wir ein Heim
in Dänemark,
in das wir Freunde
und Familie einladen können.
Wir können Freunde aus
Frankreich einladen,
damit sie sich ein Bild
davon machen können.
wo wir herstammen."

Im rustikalen Rahmen

In den ersten Jahren, nachdem die Familie ins Ausland gezogen war, kam sie bei Aufenthalten im Heimatland bei Familie und Freunden unter. Mit zwei Kindern und Mengen von Gepäck war das eine ziemlich stressige Angelegenheit, und so entschloss man sich, ein eigenes Haus zu kaufen. Nun sind sie nicht mehr von der Gastfreundschaft anderer abhängig, sondern können dazu noch ihre Freunde aus dem Ausland zu sich einladen.

Die Wahl fiel auf ein Blockhaus im Norden der Insel Seeland. Das Haus liegt einfach perfekt und ist auch für Besucher leicht zu erreichen.

Das Originalhaus war nur 20 Quadratmeter groß – und so wurde schon nach einem Jahr der Wunsch nach mehr Wohnraum laut. Zudem benötigte der Hausherr einen eigenen Bereich, in dem er auf seinen häufigen Geschäftsbesuchen in Dänemark arbeiten konnte.

In Zusammenarbeit mit einem dänischen Holzimporteur erstellte man anhand der eigenen Skizzen und Wunschlisten eine Konstruktionszeichnung, die der Originalstruktur des Hauses Rechnung trug. Im alten Teil des Hauses befindet sich nun das Arbeitszimmer, und das neue Hauptgebäude ist durch eine Terrasse mit dem Annex verbunden. Auch auf der anderen Seite des Hauses wurde eine Terrasse hinzugefügt, sodass man das Sonnenlicht nun zu verschiedenen Tageszeiten nutzen kann.

Das Resultat des Umbaus ist ein helles Blockhaus mit großen, hohen Räumen und viel Tageslichteinfall. Nun hat die Familie endlich eine solide und geräumige Basis im Heimatland.

Die Einrichtung in diesem Blockhaus ist rustikal gehalten, in Erdtönen von Dunkelbraun bis sandfarben, kombiniert mit weißen Elementen. Die Einrichtung wurde neu angeschafft, denn es kam der Familie zuallererst auf Komfort und Funktionalität an. Bilder und Wanddekorationen sind durch die markante Struktur der Holzbalken überflüssig. Der robuste Stil macht das Haus zudem zu einem idealen Kinderspielplatz.

Caffe latte mit Sirup

Machen Sie eine gute Tasse Espresso. Dann Vollmilch bis kurz unter den Siedepunkt erhitzen, in den Kaffee gießen und ein paar Tropfen Sirup zugeben. Kaffeesirup gibt es in verschiedenen Geschmacksrichtungen. Garnieren Sie den Kaffee mit etwas Passendem – mit einer Kandisstange, wenn Sie Karamell verwenden, einem in Schokolade getauchten Teelöffel bei Schokoladensirup oder einem italienischen Biscotti bei Amarettogeschmack. Kaffeesirup ist auch lecker zu Vanilleeis.

Da die Küche in den Gemeinschaftsraum übergeht, verschwinden Kühlschrank und Geschirrspülmaschine hinter Holztüren. Die Arbeitsplatte besteht aus extra starkem Holz, damit sie im Vergleich zu den massigen Holzbalken der Wände und Fußböden nicht zu zart wirkt.

Der Essplatz befindet sich am der Küche gegenüberliegenden Ende des Gemeinschaftsraumes, dem Herzstück des Hauses. Von hier aus hat man direkten Zugang zur Wohnstube und zu den Schlafzimmern. Das Haus ist so konzipiert, dass man schnell viele Gäste unterbringen kann. Der Tisch hat zusätzliche Einlegeböden, Stühle werden hereingeholt und Matratzen ausgelegt. Da die Familie Wert auf Bewegungsfreiheit legt, wird das Extramobiliar nur im Bedarfsfall herangezogen.

Die Wandbank im Gemeinschaftsraum wurde schnell zum Lieblingsplatz der Kinder. Die etwas ungewöhnliche Höhe kommt daher, dass in ihr die Gestelle für die vielen Gartenmöbel untergebracht werden können. Von dort aus führt eine Leiter auf einen Zwischenboden, auf dem die Kinder gerne spielen. Dort übernachten auch die sportlicheren Gäste. Für die weniger mobilen Besucher gibt es ein Gästezimmer neben der Wohnstube.

Die Decken im Elternschlafzimmer und im Gemeinschaftsraum sind 4,5 m hoch. Im Schlafzimmer befindet sich ein kleinerer Zwischenboden, der zur Unterbringung der Koffer dient.

POLO JEANS CO.

POLO
POLO
ENGLAND

Da die Familie zu allen Jahreszeiten hierher kommt, muss das Haus im Winter heizbar sein. Die Heizanlage wird 20 Minuten zuvor vom Telefon aus programmiert, sodass das Haus bei der Ankunft schön warm ist.

Die breiten Fußbodenbretter stammen aus dem Sägewerk, das auch die Wand- und Deckenbalken geliefert hat. Durch die Oberflächenbehandlung wirken die ca. 5 cm starken Kiefernplanken wie weiß gekalkt. Auch im Originalhaus wurde neuer Fußboden verlegt, sodass das Haus wie aus einem Guss wirkt.

Skizzenbuch für Haus und Garten

Vor der Wirklichkeit kommen erst einmal viele Träume – und die sollten unbedingt gesammelt werden. Legen Sie, bevor Sie Ihr Haus bauen, Zimmer einrichten oder den Garten anlegen, ein Skizzenbuch an, in dem alle Inspirationen Aufnahme finden – zum Beispiel Zeitungsausschnitte, Bastelanleitungen oder Gebrauchsanweisungen, Farbmuster, Pflanzenabbildungen, Stimmungsbilder oder eigene Skizzen und Gedanken. So ein Ideenbuch wird schnell zu Ihrem besten Handwerkszeug – und nachdem der Traum in Erfüllung gegangen ist, haben Sie ein schönes Andenken.

DAVID AUSTIN
English Rose

Farben und Veränderungen

Man kann fast alles anmalen – und im Sommerhaus hat man viel mehr Zeit als sonst und auch mehr Lust, selbst Hand anzulegen. Manche Projekte ziehen sich über den ganzen Sommer hin, während andere, vielleicht mit Hilfe von Familie und Freunden, an einem Wochenende bewältigt werden können. Maler- und Reparaturarbeiten sind oft eine willkommene Gelegenheit, sich mit etwas anderem als der täglichen Routine des Berufslebens zu beschäftigen. Vielleicht sind die Ergebnisse zuerst nicht so perfekt, wie man es gerne hätte, aber in den Ferien sollte man ohnehin nicht alles so genau nehmen.

Man kann sich in ein Haus regelrecht verlieben, weil dessen ganzes Potential sofort vor dem inneren Auge erscheint – „es wäre fantastisch, wenn man dies oder das ..." Was für ein ungeheuer befriedigendes Gefühl ist es, wenn man sich dann seine Oase mit eigenem Einsatz erdacht und erarbeitet hat. Wenn Sie erst einmal mit Boden, Decken und Wänden anfangen, haben Sie schon die Grundlage für **das Sommerhaus in Ihrem eigenen Stil** geschaffen. Bei der Farbwahl können Sie sich an den Möbeln orientieren, die Sie sich für Ihr Häuschen vorstellen, und danach bewusst den Stil herausarbeiten. Wollen Sie den Stil verändern, machen Sie zunächst ein paar Versuche an kleineren Farbflächen, um zu sehen, ob die Farben mit der Umgebung harmonieren. So können Sie die neue Idee erst ein paar Tage auf sich wirken lassen, bevor Sie viel Geld in teure Materialien investieren.

48

Decken

Viele alte Sommerhäuser haben Holzdecken. Selbst, wenn diese in gutem Zustand sind, können sie doch sehr schwer und dunkel wirken – besonders, wenn man sich eine helle, sommerliche Einrichtung wünscht. Weiße oder helle Decken lassen das durch die Fenster und Terrassentüren einfallende Tageslicht weit ins Haus hinein dringen – daher kann eine hell gestrichene Decke die Gesamtatmosphäre eines Hauses vollständig verändern. In kleinen Sommerhäusern oder Schreberhütten sind helle Decken das Ideale – sie lassen den Raum höher erscheinen und geben ein Gefühl von Weite.

Viele entscheiden sich für eine matte Deckenfarbe – doch auch Glanzlack ist eine interessante Lösung, denn sie erinnert an die Oberfläche alter Ölgemälde.

Wollen Sie die Holzstruktur der Decke gerne beibehalten, nehmen Sie eine helle Lasur – das Holz wirkt dann wie gelaugt, der Farbton ist um etliches heller, aber Maserung und Astlöcher bleiben sichtbar.

Wollen Sie Decke und Wände – oder Decke und Fußböden – streichen, beginnen Sie mit der Decke. Selbst, wenn man alles noch so sorgfältig abdeckt, geraten doch irgendwann Farbspritzer an die falschen Stellen. Denken Sie vor dem Anstrich an eine gründliche Reinigung des Untergrundes: alte Verschmutzungen, Nikotin- oder Wachsflecken müssen vollständig entfernt werden. Soll die Decke hell gestrichen werden, sollten Sie Risse und Unebenheiten vorher ausspachteln, denn hinterher sind sie besonders deutlich sichtbar. Astlöcher brauchen eine Spezialgrundierung, da sie die Farbe sonst aufsaugen – wenn Sie Lasierung verwenden, ist das jedoch nicht nötig. Problematisch sind Farbunterschiede im Originalton des Holzes. Manche Decken, besonders aus hellem, einheitlich gefärbtem Holz, kann man vor dem Lackieren mit Bleichmittel behandeln.

Fußböden

Bemalte Fußböden sind sehr schön – egal, ob es Ihnen auf eine **helle, nordische Stimmung** ankommt, oder ob Sie sich von den dunklen Farbtönen des Kolonialstils inspirieren lassen. Lassen Sie sich bei der Wahl der Fußbodenbehandlung davon leiten, wie Sie Ihr Haus möblieren wollen. Eine durchgehend helle Farbgebung sorgt für eine weiche, harmonische Atmosphäre, während ein Dunkel-Hell-Kontrast den Charakter einzelner Elemente stärker hervorhebt.

Lackierte Fußböden können unglaublich effektvoll wirken, da die glatte Oberfläche das Licht reflektiert. Geölte Fußböden haben einen ganz speziellen, warmen Glanz, den sie – im Gegensatz zu lackierten Böden – stets behalten.

Denken Sie vor dem Behandeln ihres Fußbodens jedoch daran, dass man den Raum danach für eine ganze Weile nicht mehr betreten kann, denn fast alle Produkte brauchen eine gewisse Zeit zum Trocknen und Aushärten. Das gilt auch für Betonböden. Fußböden streichen ist immer eine zeit- und arbeitsaufwändige Angelegenheit – und wenn Sie mit dem Ergebnis nicht oder nicht mehr zufrieden sind, ist es oft sehr schwer, hinterher etwas daran zu ändern. Es empfiehlt sich immer, vorher einen Fachmann zu befragen.

Wände

Das Sommerhaus ist ein idealer Platz, um mit Farb- und Oberflächenbehandlungen zu experimentieren. Die sicherste Wahl ist dabei immer eine Palette von hellen Farben, doch das Spiel mit neuen Farbtönen und ungewöhnlichen Textilien kann zu ganz neuen Eindrücken führen. Denken Sie vorher jedoch immer an die spätere Funktion des Raumes. Der **Lieblingsplatz** kann noch gemütlicher wirken, wenn Sie die Wand dahinter ganz oder teilweise farbig streichen. Wählen Sie ruhige Farben für das Schlafzimmer und lebendigere Töne für Räume, in denen die Familie zusammen aktiv ist. Markante Farbübergänge zwischen den Räumen wollen gut überlegt sein, denn wenn man sich durch das Haus bewegt, wird dieses als Gesamtheit wahrgenommen.

Denken Sie ebenfalls daran, dass Farben auf einer großen Fläche dunkler wirken als auf einem kleinem Farbmuster. In manchen Farbengeschäften erhalten Sie auch größere Farbproben, die Sie gegen Ihre eigene Wand halten können – Farben wirken durch den unterschiedlichen Lichteinfall ebenfalls verschieden, wenn Sie sie senkrecht oder waagerecht halten! Kaufen Sie Farben in kleinen Portionen, bemalen Sie damit verschiedene Flächen und testen Sie, wie diese bei Tageslicht und bei künstlichem Licht aussehen.

Muster können für schöne Effekte sorgen: senkrechte Streifen zum Beispiel geben einem niedrigen Zimmer die Illusion von mehr Höhe. Schön nostalgisch wirkt es, wenn Sie die Wand waagerecht aufteilen, die untere Hälfte streichen und die obere tapezieren.

1.
2.

In einem Sommerhaus fallen ständig kleine Malprojekte an: es muss immer etwas repariert oder aufgefrischt werden oder braucht womöglich eine ganz neue Gestaltung. Wenn Sie keine Lust auf eine Generalrenovierung haben, sondern nur den Stil etwas auffrischen wollen, lassen sich dafür jede Menge Objekte finden.

Türen

Sowohl Innen- als auch Außentüren bekommen einen ganz anderen Charakter, wenn Sie sie in einer Kontrastfarbe streichen. Die besten Resultate erzielen Sie dabei, wenn Sie den ursprünglichen Stil des Hauses mit in Betracht ziehen: handelt es sich zum Beispiel um ein Haus im dänischen Bauernstil oder eine ochsenblutrot gestrichene Holzhütte im Schwedenstil? Sehr harmonisch wirkt es, wenn die Fensterrahmen und -türen an der Außenfassade die gleiche Farbe haben. Das gilt natürlich auch für drinnen – die Räume wirken zusammenhängender, wenn die Farbgebung aus einem Guss ist. Türrahmen und Scheuerleisten ziehen sich durch das ganze Haus, und sie lenken viel Aufmerksamkeit auf sich, wenn sie in einer kräftigen Farbe gestrichen sind. Mit weißen Rahmen und Leisten riskieren Sie nicht, dass der Gesamteindruck des Raumes beeinträchtigt wird.

Türdrücker und Handgriffe sind wichtige Stilelemente – es kann einen Raum völlig verändern, wenn diese ausgewechselt werden. Nehmen Sie zum Beispiel Griffe aus Edelstahl für einen in kühlen Farben gehaltenen Raum und Messing bei warmen Farbtönen.

Die Tür lässt sich am einfachsten streichen, wenn Sie sie aus den Angeln heben und auf zwei Böcke legen. Es ist wichtig, sie vorher gut abzuschleifen und zu reparieren, denn nach dem neuen Anstrich sieht man jeden Kratzer. Wollen Sie die Türdrücker ebenfalls anstreichen, müssen auch diese vorher gründlich gereinigt werden. Autolack aus der Spraydose sorgt für einen sehr widerstandsfähigen Farbauftrag.

Küche und Bad

Mittlerweile werden viele Küchen durch Verbindung mit dem Ess- und Wohnbereich zu Wohnküchen umgebaut – das vermittelt nicht nur ein Gefühl von Helligkeit und Bewegungsfreiheit, sondern macht das Kochen zu einem angenehmen Gemeinschaftsprojekt für Freunde und Familie. Wenn Sie die Küche trotzdem optisch vom restlichen Raum abtrennen wollen, lässt sich das am besten durch Farben bewerkstelligen – mit einer anderen Wandfarbe, farbigen Küchenschränken oder durch die Hervorhebung bestimmter Details bekommt dieser Teil des Raumes gleich eine andere Gewichtung.

Da geschlossene Küchen und Bäder meist ziemlich klein sind, arbeiten Sie am besten mit hellen Farben, damit sie geräumiger wirken. Wünschen Sie sich dennoch Farbe in Ihrer kleinen Küche, können schon buntes Geschirr, ein paar antike Dosen oder gemusterte Gardinen völlig ausreichen. Dekorative Seifenschalen, bunte Handtücher oder attraktive Flaschen mit Badezusätzen sorgen in einem weißen Badezimmer für die persönliche Note.

Fehlt es Ihnen an Zeit und Geld, Küche und Bad aufwändig umzugestalten, können Sie auch einfach Schranktüren oder Fliesen anmalen. Entdecken Sie das Potential in dem, was bereits da ist. Auch durch das Auswechseln von Tür- und Schrankgriffen oder Beleuchtungselementen kann man mit kleinen Ursachen große Wirkung erzielen. Laminat und Fliesen brauchen vor dem Bemalen eine Spezialgrundierung.

Möbel

Eine andere Farbe kann den Charakter von Möbeln vollkommen verändern, sodass sie leicht dem jeweiligen Einrichtungsstil angepasst werden können. Neue Möbel aus unbehandeltem Holz werden einfach in der passenden Farbe bemalt, und durch ein paar liebevolle Handgriffe bekommen Flohmarktfunde und selbst alte Erbstücke einen neuen Platz im Sommerhaus. Sie können einfach alles anstreichen: Schränke, Stühle, Regale, Beistelltische, Tellerregale und Lampenständer – doch das Wichtigste ist dabei, dass Sie sich vorher überlegen, wie der Raum als Ganzes wirken soll. So kann sich das Möbelstück in das Farbschema des Raumes einpassen oder auch bewusst in Kontrast dazu gestellt werden.

Auch schmiedeeiserne Gegenstände kann man bemalen – doch das ist mitunter eine langwierige Arbeit. Die dekorative, romantische Wirkung eines weißen Eisenbettes oder einer roten Gartenpforte kann diese Mühe aber durchaus wert sein.

Wenn das Möbelstück aus mehreren verschiedenen Materialien besteht – z. B. ein Holzstuhl mit gepolsterten Sitz oder ein Schrank mit Plastikgriffen – nehmen Sie es nach Möglichkeit vor dem Anstreichen auseinander. Alte Möbel haben meist eine Schicht aus altem Schmutz und Fett, der unbedingt vorher entfernt werden muss. Nötige Reparaturen werden natürlich ebenfalls vorher ausgeführt.

Kleine Objekte

Kleine Projekte sind ideale Beschäftigungen für ein paar freie Stunden. Bilderrahmen, Lampen, Kisten und Kinderschemel bekommen mit etwas Farbe ein ganz persönliches Gepräge. Die ganze Familie kann dabei mitmachen – und die meisten Kinder lieben es, auf selbstbemalten Stühlen zu sitzen.

Die Art der Bemalung hängt ganz von der jeweiligen Oberfläche ab. Korbmöbel lassen sich gut ansprühen. Blumentöpfe kann man bunt anmalen oder auch mit Joghurt bestreichen und ein paar Monate draußen stehen lassen – dann setzen sie eine wunderschöne Alterspatina an. Bei Keksdosen verwendet man am besten Metallfarben – und Wandtafeln wirken diskreter, wenn man sie dem übrigen Raum in der Farbe anpasst.

Gartenmöbel

Die schönen, alten Gartenmöbel in Großvaters Garten waren in aller Regel angemalt. Das Anstreichen von Gartenmöbeln ist eine mühevolle Angelegenheit – und sie müssen gut instandgehalten werden. Doch sie schaffen eine wunderbar nostalgische Stimmung in der Essecke oder auf dem Aussichtsplatz. Wind und Wetter setzen Gartenmöbeln sehr zu, denn sie haben viele Winkel und Ecken, von denen das Regenwasser nicht ablaufen kann. Doch auch die Verwitterungserscheinungen können ihren ganz eigenen Reiz haben.

Oft sind es die Details, die bei der Einrichtung für die richtige Stimmung sorgen. Doch dabei kommt es auf die richtige Gewichtung an, denn durch zuviele optische Effekte wirkt ein Raum leicht unruhig und überladen. Eigene Projekte machen oft so viel Spaß, dass man es dabei leicht ein wenig übertreibt. Genießen Sie ein fertiges Stück erst einmal in Ruhe in seiner neuen Umgebung, bevor Sie sich zu schnell an neue Projekte machen und durch zu viele Farben, Muster und Details Verwirrung stiften.

Schablonenmalerei

Schablonenmalerei ist eine leichte und praktische Methode, für ein paar dekorative Hingucker zu sorgen. Stellen Sie Ihre eigenen Schablonen her, indem Sie das gewünschte Motiv aus Büchern oder Zeitschriften abpausen, oder kaufen Sie sie fertig in Spezialgeschäften.

Eine Bordüre aus Schablonenmalerei macht sich schön auf Küchenfliesen, im Bad oder auch im Schlafzimmer. Ein paar einzelne Motive auf den Rückenlehnen von Esszimmerstühlen, Küchenbänken oder an der Garderobenleiste können ebenfalls sehr effektvoll wirken.

Befestigen Sie die Schablone vor jedem Arbeitsgang mit Malerkrepp, sodass sie sich leicht abnehmen und neu platzieren lässt. Achten Sie unbedingt darauf, jeweils nur wenig Farbe auf den Pinsel zu nehmen!

Wandtafeln

Wandtafelfarbe sorgt für dekorative Effekte – und es ist einfach sehr praktisch, eine Tafel im Haus zu haben. Wenn einige länger schlafen wollen, während die anderen lieber am Strand spazieren gehen, hinterlässt man einfach eine Notiz am „schwarzen" Brett, und jeder weiß Bescheid. Hier ist auch Platz für Rezepte und Einkaufslisten, und bei Regenwetter können sich die Kleinsten darauf mit farbiger Kreide austoben. Wandtafelfarbe kann einfach auf die Wand aufgetragen werden – will man die Tafel optisch hervorheben, kann man sie später mit einem Rahmen versehen. Es muss nicht unbedingt schwarze Farbe sein – mittlerweile gibt es verschiedene Farbtöne zur Auswahl.

Man kann auf diese Weise sogar magnetische Tafeln machen. Dafür wird auf eine Partie der Wand vor dem Anstrich mit normaler Wandfarbe eine Schicht Magnetfarbe aufgetragen. Zeitungsausschnitte, Fotos und Merkzettel können dann problemlos mit Magneten an der Wand befestigt werden. Wenn Sie statt der herkömmlichen Farbe Wandtafelfarbe nehmen, können Sie dort auch schriftliche Notizen unterbringen. Für Magnettafeln muss der Untergrund jedoch unbedingt gleichmäßig glatt sein, sonst haften die Magneten nicht.

Dekorationen

Es gibt verschiedene Techniken, um Oberflächen zu patinieren oder künstlich altern zu lassen. Matt- und Kalkfarbe, abgeschliffene Kanten, die Heraushebung von Details mit farbigem Wachs oder Metallfarbe sorgen für eine stilechte Wirkung. Doch man braucht schon etwas Fingerspitzengefühl, damit das Ergebnis nicht allzu gewollt aussieht.

Die Technik hängt jeweils von der Art der verwendeten Farbe ab. Wenn Sie sich selbst an einem Projekt versuchen wollen, ist es immer eine gute Idee, zunächst an einer kleinen Ecke oder mit einem kleinen Möbelstück anzufangen, um sich zu vergewissern, dass das Ergebnis den eigenen Vorstellungen entspricht.

Es gibt viele Geschäfte, in denen man seine Antiquitäten und **Flohmarktfunde restaurieren** lassen kann. Holen Sie sich dort fachmännischen Rat oder lassen Ihre Schätze gleich da, damit sie Ihren Vorstellungen entsprechend instand gesetzt werden. Es gibt auch auf Dekorationsmalerei spezialisierte Fachleute, die besonders dann eine gute Anlaufadresse sind, wenn es sich um teure Möbelstücke handelt.

Malerei

Der Sommer ist ein guter Zeitpunkt, um Ihre kreative Seite zu ihrem Recht kommen zu lassen. Vergessen Sie alles, was Sie nicht zu können meinen – trauen Sie sich, denn auch **Sie haben Talent!** Frisch versucht ist halb gewonnen. Leinwand und Farben gibt es vielerorts zu kaufen – sogar im Supermarkt. Denken Sie nur daran, dass die Qualitätsunterschiede beträchtlich sein können. Bewahren Sie Pinsel, Papier oder Leinwand, Farben, Palette und Reinigungsmittel in einem Korb oder Kasten auf, der drinnen und draußen schnell zur Hand ist, wenn Sie die Schöpferlaune überkommt. Wenn Sie eine große Leinwand verwenden und keine Staffelei haben, lehnen Sie sie einfach gegen eine Hauswand oder den Geräteschuppen, oder befestigen Sie sie auf einer Spanplatte, die sich ebenfalls überall anlehnen läßt. Aquarellkasten und Papier sind draußen etwas leichter zu transportieren.

Maltechniken und Stil sind im Grunde keine Grenzen gesetzt. Es gibt jedoch eine Menge Literatur für Anfänger, die Ihnen dabei helfen kann, **ein schönes Resultat zu erzielen.** Wenn Sie auf Leinwand malen wollen, versuchen Sie es einmal mit Acrylfarben, denn die sind wasserlöslich – für Ölmalerei brauchen Sie schon eine Menge Übung, und die Farben sind teurer in der Anschaffung. Für Ungeübte eignen sich Aquarell- und Wasserfarben am besten.

Der natürliche Garten

Wenn man erst einmal ein Stück Garten besitzt, eröffnen sich einem auf einmal ungeahnte Möglichkeiten. Man kauft mit einem Sommerhausgrundstück zugleich auch den Traum vom freien, unbeschwerten Sommerleben – doch wenn dieser auch Wirklichkeit werden soll, müssen der Garten und die in ihm verbrauchte Zeit fest mit eingeplant werden.

Sommerhausgrundstücke liegen meist auf wenig fruchtbarem Boden, denn sie wurden – in Dänemark – seinerzeit auf dem für die Landwirtschaft wertlosen Heide- und Dünenland angelegt. Daher brauchen die Pflanzen im Sommerhausgarten oft besonderer Pflege. Doch wenn auch der Bauer nicht von dieser Erde leben kann, so wirkt sie doch auf uns in anderer Hinsicht erfrischend und belebend.

Jedes Ferienhausgrundstück hat seinen ganz eigenen Charme und viele Möglichkeiten. Doch Sie sollten sich beim Anlegen Ihres Gartens nicht nur von den eigenen Wünschen leiten lassen, sondern sich ein wenig in der Umgebung umschauen. Am besten ist es, Ihr eigenes kleines Paradies harmoniert mit denen der Nachbarn und passt in die Landschaft.

Wenn Sie nicht in Ihrem Ferienhaus weilen oder gerade mit Faulenzen beschäftigt sind, bleibt der Garten sich selbst überlassen. Da empfiehlt es sich nicht, einen allzu komplizierten Garten anzulegen. Wenn Sie nicht jeden Grashalm und jede Gartenstaude genau einplanen, wird der Garten zu einem Ort, an dem man täglich aufs Neue auf Entdeckungsreise gehen kann. Pflücken Sie eine Handvoll sonnengereifte Brombeeren, einen Strauß Glockenblumen oder sehen dem Eichhörnchen zu, wie es in den Tannen herumspringt.

Auf jeden Fall empfiehlt es sich, erst einmal eine Saison im neuen Sommerhaus zu verbringen, ehe man mit der Gartenplanung beginnt. Da wissen Sie, wann die Sonne wohin scheint und kennen ihre Lieblingsplätzchen und die beste Stelle, um Feuerholz zu lagern.

Gartenplätze

Da sich das Sommerhausleben meist im Freien abspielt, dient der Garten als Allzweckraum für alle möglichen Aktivitäten. Wenn der Garten durch Büsche, verwinkelte Pfade, Brombeerhecken und Wiesenflächen in verschiedene Bereiche aufgeteilt ist, kann jeder darin seinen Lieblingsaktivitäten nachgehen. Gute Essplätze sind auch sehr wichtig, zum Beispiel eine sonnige Ecke für den Morgenkaffee, ein schattiges Plätzchen zum Frühstücken und ein Lagerfeuerplatz zum Würstchenbraten.

Wollen Sie neue Bäume und Sträucher anpflanzen, wählen Sie unbedingt Arten, die ohnehin heimisch sind. Am allerbesten ist es, Sie suchen die Umgebung nach Jungpflanzen ab, die sich selbst gesät haben. Diese haben ein kräftigeres Wurzelsystem als Pflanzen aus der Gärtnerei, und sie sind zudem bereits heimisch. Man kann sie auch relativ problemlos ein wenig umsetzen, wenn einem der Originalstandort nicht gefällt.

Den Garten zurückschneiden

Ein naturgewachsener Garten muss regelmäßig ausgedünnt und zurückgeschnitten werden. Bevor Sie allerdings die Kettensäge anwerfen, sollten Sie sich gut überlegen, welche Funktion der Baum hat, den Sie zu fällen im Begriff sind. Sorgt seine Wegnahme für mehr Licht und Luft im Garten, oder fällt mit ihm auch das schattige Mittagsplätzchen?

Schwächliche und ins Kraut geschossene Pflanzen sollten zuerst fallen. Es ist eine harte Tatsache, dass ein Baum, der sein Leben lang zwischen Nachbarbäumen eingeklemmt war, niemals zu einer Schönheit werden wird. Lassen Sie nur die gesündesten und kräftigsten Bäume stehen, damit diese sich in Ruhe ausbreiten können.

Reisigzäune

Es ist etwas Wunderbares, an einem windigen Vorfrühlingstag an einem geschützten Platz zu sitzen und sich von den ersten Sonnenstrahlen wärmen zu lassen. Ein Reisigzaun ist außerdem ein gutes Gerüst für Kletterpflanzen – ehe man sich versieht, sitzt man unter einem duftenden Blätterdach! Er bietet auch einer Menge Kleingetier Schutz, und Sie wissen, was Sie mit all den Ästen und Zweigen anfangen sollen, die im Garten angefallen sind.

Suchen Sie sich einen Platz, der nicht zu dicht am Haus oder am Lagerfeuer liegt, denn Reisigzäune können sich leicht entzünden. Schlagen sie eine Doppelreihe von Pfosten in die Erde, etwas gegeneinander verschoben und ziemlich dicht aneinander, am besten in einer leichten Kurve. Weben Sie nun die Äste und Zweige, die beim Beschneiden des Gartens angefallen sind, zwischen die Pfosten. An so einem Zaun kann man jahrelang weiterbauen, denn das dürre Vorjahresreisig muss regelmäßig ausgewechselt und ausgebessert werden.

Heidekraut und Blumenwiese

Ein Sommerhausgarten ist der ideale Ort für eine Wildblumenwiese oder einen Heidekrautteppich. Blumen und Erikapflanzen fühlen sich an den offenen Stellen zwischen Bäumen und Sträuchern sehr wohl – und sie lieben es hell. Daher sollte man schattenspendende Pflanzen von ihnen fern halten.

Die größte Herausforderung beim Anlegen einer Blumenwiese ist es, sie sich selbst zu überlassen. Mähen Sie sie nur einmal im Jahr mit einer Sense. Und es ist streng verboten, zu düngen! Halten Sie alles von Ihrer Blumenwiese fern, was verrottet, z. B. abgemähtes Gras, Laub und Holzspäne.

Auch Heidekraut mag gern Licht und mageren Boden, darum sorgen Sie dafür, dass viel Sonne an Ihren Garten kommt. Wenn der Heideteppich etwas schäbig und kränklich aussieht, kann es daran liegen, dass zuviel Moos und Gras dazwischen wächst und die Jungpflanzen nicht hervorkommen können. Es kann etwas Arbeit machen, den Boden frei zu halten, damit die Heidesamen keimen – doch ein dichter **Heideteppich ist so charakteristisch und schön,** dass er die auf den Knien verbrachte Zeit wohl wert ist.

Selbst einen Naturgarten kann man mit ein wenig Planung dazu bringen, für ein paar besondere und gezielte Sinneserlebnisse zu sorgen. Das kann eine besonders schöne Wildrose unter dem Küchenfenster sein, die Sie beim Abwaschen mit ihrem Duft erfreut, eine Kletterpflanze, die sich am Waschhaus empor rankt, oder ein paar Beerensträucher, von denen die Kinder im Spätsommer naschen können. Wenn wir im Urlaub sind, passiert plötzlich etwas mit unseren Sinnen: sie erwachen regelrecht zu neuem Leben, sodass wir alle Eindrücke umso begieriger in uns aufsaugen. Sie können sich und Ihrer Familie eine Menge von angenehmen und überraschenden Erlebnissen bescheren, wenn Sie ein wenig Zeit in die Planung Ihres Naturgartens investieren.

Der Geschmack des Sommers

Ihr Garten kann massenweise Sommerspeisen hervorbringen, selbst wenn Sie nicht die Zeit haben, ihn regelmäßig zu pflegen. Beerensträucher sind spannende **Jagdgebiete für Kinderhände,** die Ernte der Obstbäume sorgt für leckere Marmelade, und frische Kräuter peppen die sommerliche Küche auf.

Denken Sie beim Pflanzen daran, dass Sie sich einen Gutteil des Jahres nicht um den Garten kümmern können. Es ist ärgerlich, bei der Rückkehr einen braunen, vertrockneten Küchengarten vorzufinden, nur weil Sie ihn ein paar Tage lang nicht haben gießen können. Kaufen Sie den frischen, grünen Salat, die feinen neuen Kartoffeln oder knackig-frischen Erdbeeren lieber an einem Stand am Straßenrand – es gibt trotzdem immer noch eine große Auswahl von Pflanzen, die ohne all zuviel Aufmerksamkeit auskommen und dennoch für eine reichliche und fröhliche Ernte sorgen.

Der Kräutergarten

Ein Kräutergarten nahe der Küchentür ist ein geradezu sinnliches Erlebnis. Es gibt Küchenkräuter in unglaublich vielen Grünnuancen – einige von ihnen blühen außerdem sehr schön. Wenn man sie beim Vorübergehen streift, überziehen sie uns mit einer würzigen Duftwolke. Ob für Grillgerichte oder zu knackigen Salaten – frische Kräuter sind aus der sommerlichen Küche einfach nicht wegzudenken.

Ein Kräutergarten eignet sich gut für das Sommerhaus, denn dafür braucht man nicht unbedingt einen sehr fruchtbaren Boden. Achten Sie auf ausreichend Platz zwischen den Pflanzen, damit sie sich ausbreiten können und damit man gut an sie herankommt. Wählen Sie widerstandsfähige Pflanzenarten für Ihren Sommerhausgarten.

Sowohl ZITRONENMELISSE als auch MINZE schmecken lecker in Salaten. Eine Handvoll Blätter in einem Krug voll eiskaltem Wasser ergibt ein erfrischendes Sommergetränk. Zitronenmelisse und Minze breiten sich rasch aus, daher sollte man sie in einer Gartenecke oder an einer Mauer pflanzen, damit sie nicht den ganzen Garten überwuchern. Eine andere Möglichkeit ist es, ihre Pflanzstelle mit einem Ring von Steinen zu umgeben, damit sie nicht ausufern.

DILL ist ein sehr dekoratives Kraut – ob als Pflanze im Garten oder zusammen mit Essig und Senfkörnern in einem Glas eingelegter Gurken. Die Blütendolden eignen sich zum Einlegen mit Essig und auch als Trockensträuße, während die fiedrigen Blättchen über eine ganze Reihe von Sommergerichten gestreut werden können – besonders Kartoffeln, Quark und Lachsgerichte. Dill wird über einen Meter hoch, wenn er ausreichend Platz hat. Sie können ihn von April bis lang in den Spätsommer hinein aussäen.

THYMIAN trägt winzige, attraktive Blüten und verströmt einen feinen, würzigen Duft. Es gibt weiß, violett oder hellrot blühende Thymiansorten. Die frischen Blätter schmecken lecker zu Fleisch, während getrockneter Thymian mittlerweile zum Standardgewürz geworden ist – besonders natürlich zu französischen Gerichten und als Bestandteil der Gewürzmischung „Herbes de Provence". Säen Sie Thymian im Mai direkt ins Freiland. Wenn Sie es gern früher hätten, säen Sie im März im Pflanzkübel und setzen die Jungpflanzen im Mai in den Garten. Sie können die Pflanzen auch in der Gärtnerei kaufen und in den Garten umpflanzen. Je nach Sorte wird Thymian bis 30 cm hoch.

OREGANO schmeckt besonders lecker in Blattsalaten und zu gegrilltem Fleisch. Auch Oregano gehört heute zu unseren Standardgewürzen, und ist besonders beliebt als Pizzagewürz. Man kann ihn im Frühjahr aus Samen ziehen oder fertig kaufen und in den Garten setzen. Er wird 60 cm hoch. Wenn man ihn ins Kraut schießen lässt, sät er sich fleißig selbst aus.

Frischer LORBEER schmeckt etwas milder als getrockneter und ist nicht weniger delikat in Fleischmarinaden. Der Strauch behält sein dunkles, attraktives Laub das ganze Jahr über. Pflückt man im Vorbeigehen ein Blatt und steckt es in die Tasche, wird man den ganzen Tag über von angenehmem Duft begleitet. Lorbeersträucher sollten regelmäßig beschnitten werden, sonst können sie ziemlich hoch werden. Kaufen Sie ihn als Topfpflanze und setzen ihn dort in den Garten, wo ausreichend Platz ist.

ROSMARIN ist einfach perfekt zu Lamm oder Fisch. Wenn Sie ein paar Zweige mit auf den Grill legen, gibt das dem Fleisch ein leckeres Aroma und verbreitet einen angenehmen Duft. Lassen Sie trotz allem beim Beschneiden etwas Vorsicht walten, denn er schmeckt sehr kräftig und wächst im nördlichen Klima recht langsam. Rosmarin wird im Mai ausgesät oder durch Stecklinge propagiert. Sie können natürlich auch einfach eine fertige Pflanze kaufen und im Frühjahr in den Garten setzen. Wenn Sie ihn nicht in Pflanzkübeln halten, die man im Winter ins Haus nehmen kann, ist es jedoch nicht gesagt, dass er die Kälte übersteht. Pflanzen Sie ihn daher nach Möglichkeit an eine Südwand. Unter guten Bedingungen kann Rosmarin über einen Meter hoch werden.

Beeren

Beerensträucher sind einfach ideal für einen Sommerhausgarten. Es ist wunderbar, hinauszugehen und eine Handvoll sonnenwarmer Stachelbeeren zu pflücken oder saftige, reife Himbeeren direkt vom Strauch zu naschen. Die meisten Beeren schmecken außerdem gut als Marmelade und in Chutneys, Eiscreme, Smoothies und Pfannkuchen.

Groß ist die Freude, wenn man eine wilde Brombeerhecke voll mit dunklen, sonnengereiften Beeren findet. Aber Sie können BROMBEEREN auch selbst pflanzen. Zuchtsorten tragen meist größere Beeren und einige haben auch weniger Stacheln. Brombeeren breiten sich rasch aus, und wenn Sie kein Dickicht in Ihrem Garten haben wollen, sollten Sie die neuen Ranken an Spalieren hochbinden – daran wachsen nämlich im nächsten Jahr die neuen Beeren. Die alten Triebe sollten jeweils nach der Ernte abgeschnitten werden.

Frische HIMBEEREN sind teuer, denn man kann sie nicht gut industriell ernten. Wenn Sie selbst pflücken können, haben Sie jeden zweiten Tag vollreife, frische Beeren – zum Beispiel für das Vanilleeis zum Nachtisch. Es gibt viele verschiedene Sorten, die sich vor allem durch die Erntezeit unterscheiden – wenn Sie zwei verschiedene Sorten pflanzen, haben Sie den ganzen Sommer über frische Himbeeren. Kaufen Sie Himbeerpflanzen am besten in der Gärtnerei, dann gehen Sie sicher, dass sie gesund sind. Achten Sie darauf, dass rund um die Sträucher reichlich Platz zum Ernten ist – 2 m Abstand ist ideal. Himbeerpflanzen sollten im Laufe ihres Wachstums zwischen zwei Pfosten hochgebunden werden, sonst kippen sie um. Abgeerntete Triebe der Sommerhimbeeren werden abgeschnitten und die neuen Triebe, die das nächste Jahr Früchte tragen, hochgebunden. Bei den Herbsthimbeeren wird alles Laub ebenerdig abgeschnitten.

Die Säure von JOHANNISBEEREN ist besonders erfrischend, wenn sie direkt vom Strauch genascht werden. Gut geputzt und mit etwas Zucker vermengt schmecken sie besonders gut zu Joghurt oder Eis. Alle paar Jahre sollte man Johannisbeersträucher etwas ausdünnen, indem man ein paar der ältesten Zweige entfernt – man erkennt sie an der dunkleren Rinde. Die Erdausläufer müssen jedes Jahr entfernt werden.

STACHELBEEREN bekommt man in vielen verschiedenen Sorten. Entscheiden Sie sich daher zunächst, ob Sie die Beeren am liebsten direkt vom Strauch essen oder z. B. zu Grütze verarbeiten wollen. In der Gärtnerei wird man Ihnen darüber Auskunft geben können, welche Sorten sich am besten für Sie eignen. Stachelbeeren pflanzt man im Frühjahr oder Spätsommer.

Holunderblütensaft ist ein erfrischendes Sommergetränk. Die weißen Blütendolden des Holunderstrauches bieten außerdem einen wunderschönen Anblick. Wenn dann die dunkellilafarbenen, fast schwarzen Holunderbeeren schwer vom Strauch herabhängen, können sie geerntet und z. B. zu Holunderbeersaft oder -suppe verarbeitet werden. Die Beeren sind reich an Vitamin C – daher ist heißer Holunderbeersaft oder -grog ein ideales Wintergetränk. Holunder gibt es wild und als Kulturpflanze. Kulturpflanzen geben eine bessere und reichhaltigere Ernte. Holunder ist leicht zu halten – er braucht nur gelegentlich etwas zurückgeschnitten zu werden, damit er nicht vergeilt oder zu hoch wird.

Haselnuss

Frische Haselnüsse schmecken ganz anders und viel besser als die Nüsse auf dem weihnachtlichen bunten Teller. Vergewissern Sie sich vor dem Pflanzen eines Haselstrauches, dass er in Ihrem Garten reichlich Platz haben wird – oder wählen Sie eine Sorte, die speziell für kleine Gärten geeignet ist.

Haselsträucher müssen zurückgeschnitten werden, da sie sonst leicht so hoch werden, dass man zum Ernten nicht mehr gut an die Nüsse herankommt. Schneiden Sie zu lang gewordene Zweige direkt an der Basis ab. Von Zeit zu Zeit sollte der Strauch auch an der Basis etwas gelichtet werden, damit er nicht zu dicht wird. Haselsträucher brauchen viel Licht und Wasser.

Walnuss

Ein Walnussbaum wird bis zu 100 Jahre alt und kann sehr groß werden. Die Nüsse werden im Oktober geerntet. Nachdem die grüne Fruchtschale entfernt wurde, lässt man die Nüsse an einem luftigen, trockenen Ort trocknen – man sollte sie erst essen, wenn sie trocken sind. Es gibt auch ein paar Rezepte, in denen grüne, unreife Walnüsse verwendet werden. Wenn Sie einen Walnussbaum in der Gärtnerei kaufen wollen, versichern Sie sich zunächst, dass er sich selbst bestäuben kann. Walnussbäume lieben es hell, warm und feucht.

Obstbäume

Apfel-, Pflaumen-, Kirsch- oder Birnbäume machen sich einfach prachtvoll in jedem Garten. Wenn Sie das Glück haben, einen Garten mit Obstbäumen übernommen zu haben, brauchen sie nur das **Obst zu ernten** und die Bäume regelmäßig zu beschneiden. Manche Apfelsorten brauchen den Beschnitt, um besser zu tragen – und es kann nie schaden, Bescheid zu wissen, wie die Bestäubung am besten vor sich geht.

Wenn Sie selbst Obstbäume pflanzen wollen, werden Sie sich zunächst darüber klar, was für Bäume Sie haben wollen. Bevorzugen Sie einen bestimmten Geschmack? Wollen Sie das Obst direkt vom Baum essen oder soll es hinterher verarbeitet werden? Möchten Sie hohe, stattliche Bäume oder sollen vor allem die Kinder gut an das Obst herankommen?

Äpfel und Birnen brauchen zur Bestäubung andere Bäume – wenn es in der Nachbarschaft keine gibt, müssen Sie also mindestens zwei davon pflanzen. Es gibt auch selbstbestäubende Sorten. Die meisten Kirsch- und Pflaumensorten sind leichter zu halten als Apfel- und Birnbäume. Doch es empfiehlt sich grundsätzlich, vorher bei der Gärtnerei Rat zu holen.

Der Duft des Sommers ist voller Erinnerungen und Süße, die man immer wieder neu entdecken und weitergeben kann. Überlegen Sie sich, welchen Duft Sie sich für welchen Ort wünschen ... Kräuterduft macht Appetit vor dem Küchenfenster, süsser Rosenduft umweht das Ruheplätzchen, und verführerischer Jasminduft gehört vielleicht am besten vor das Schlafzimmerfenster ...

Wildrosen

Die Kartoffelrose (Rosa rugosa) ist die klassische Wildrose mit dem charakteristischen, starken Duft. Ihre rosa Blüten öffnen sich von Juni bis Oktober und im Spätsommer kann man viele schöne Hagebutten ernten – Hagebuttenmarmelade ist etwas ganz besonders Leckeres. Da die Kartoffelrose nicht besonders hoch wird, kann man sie gut rund um eine Terrasse herum oder unter ein Fenster pflanzen. Sie ist sehr robust und eignet sich daher für die meisten Sommerhausgärten.

Die Kartoffelrose liebt direkte Sonne und kann auch Wind, Salzluft und Trockenheit gut vertragen. Sie wird 1 bis 2 m hoch, doch es gibt noch viele andere Wildrosensorten in verschiedenen Farben, Duftnoten und Größen.

Kletterrosen

Kletterrosen haben große, wunderschöne weiße oder rosa Blüten und einen Duft, der in den meisten von uns Erinnerungen weckt. Sie sind meist kräftig und blühfreudig und machen sich schön an der Hauswand oder einer schattigen Laube.

Kletterrosen brauchen guten Humusboden. Decken Sie die Erde im Herbst rundherum mit Kompost ab. Kletterrosen werden 3 bis 6 m hoch, doch sie sind nicht imstande, sich selbst zu tragen und brauchen daher Kletterhilfen.

Lavendel

Lavendel braucht viel Sonnenlicht und ist schön als Beetrandbepflanzung, entlang der Hausmauer oder im Pflanztrog. Er wird nur 30–40 cm hoch, verträgt trockene Sommer ausgezeichnet und muss im April oder September kräftig zurückgeschnitten werden. Zwar gibt es viele andere Lavendelsorten, doch der Echte Lavendel ist diejenige Sorte, die das nördliche Klima am ehesten verträgt. Er läßt sich leicht vermehren.

Zwar denkt man bei ihm an Ferien im Süden, doch Lavendel kann auch im Norden gut gedeihen. Die rosa oder blauvioletten Blüten erscheinen von Juli bis August. Man kann sie gut trocknen und in kleine Stoffsäckchen füllen, damit sie ihren wunderbarer Duft im Wäscheschrank verbreiten.

Jasmin

Der Duft von Jasmin erinnert an einen warmen Sommernachmittag. Eine der schönsten und wohlduftendsten Arten ist der Falsche Jasmin (Philadephus), auch Sommerjasmin oder Pfeifenstrauch genannt. Seine vollen, weißen Blüten erscheinen im Juni und Juli auf einem ausladenden, dicht belaubten Busch. Falscher Jasmin wächst sehr schnell und sehr hoch und eignet sich daher vorzüglich, um einen Reisigzaun zu verdecken. Wenn sie ihn gut hochbinden, können Sie ihn auch ein Fenster einrahmen lassen.

Falscher Jasmin braucht nicht viel Pflege und verträgt direkte Sonne und Halbschatten. Er wird bis zu 2,5 m hoch. Es gibt mehrere verschiedene Sorten, von denen sich einige sehr gut für wohlduftenden Blütenhecken eignen.

Jelängerjelieber

Lonicera caprifolium aus der Familie der Geißblattgewächse, auch Jelängerjelieber genannt, bildet stark duftende, sehr schöne Blüten und ist zudem sehr widerstandsfähig. Es wird sehr hoch und windet sich dabei an Bäumen hoch oder kann an Spalieren gezogen werden. Nach der Blüte bilden sich goldgelbe, rote oder violette Beeren, die sehr schön aussehen, jedoch giftig sind.

Jelängerjelieber mag fruchtbaren Boden und einen sonnigen Standort. Seine 4 bis 5 m lang werdenden Ranken schlingen sich um alles, was sich in der Nähe befindet – ein wenig Steuerung ist daher angebracht!

In den Ferien hat man viel mehr Sinn fürs Detail – und es gibt doch nichts Schöneres, als Blumen in allen ihren wunderbaren Farben und Formen. Pflanzen Sie viele Blumen, dann haben Sie auch immer einen frischen Strauß im Haus. Zwar ist es nicht ganz einfach, ein schönes Staudenbeet zu erhalten, wenn Sie sich nur in den Ferien in Ihrem Sommerhaus aufhalten können, doch es gibt eine Menge robuster Blütenpflanzen, die wenig Pflege brauchen und daher ideal für einen Sommergarten sind.

Clematis

Eine große Clematis, die die Hauswand emporklettert oder sich um eine Gartenlaube windet, sorgt für romantische Sommerstimmung in Ihrem Garten. Sie ist eine der verbreitetsten Kletterpflanzen und es gibt sie in vielen verschiedenen Farben. Manche Sorten blühen sehr lange, einige davon sogar zweimal im Laufe des Sommers – wenn Sie sich viele Blumen wünschen, ist Clematis eine gute Wahl. Clematis wächst gut am Spalier und man kann sie auch an Bäumen und Sträuchern emporklettern lassen.

Verschiedene Sorten brauchen unterschiedliche Pflege, aber die Faustregel ist doch guter, nährstoffreicher Boden und ein nach Westen oder Osten ausgerichteter Standort. Sie vertragen weder Frost noch direkte Sonne auf den Wurzeln, daher ist es eine gute Idee, niedrige Bodendecker rund herum zu pflanzen. Achten Sie beim Ankauf unbedingt auf eine gute Pflegeanleitung.

Blauregen

Der prächtige Blauregen (Wisteria) öffnet seine dichten Dolden voll blauvioletter Blüten von Mai bis Juni. Wenn man unter einem blühenden Blauregen steht, kann es einem von dem Duft geradezu schwindelig werden.

Er wächst sehr schnell und kann sehr hoch werden, daher ist es eine gute Idee, sein Wachstum etwas zu steuern und ihn an einem Spalier, einer Pergola oder auch an einem hohen Baum entlang klettern zu lassen. Blauregen mag einen sonnigen, windgeschützten Standort und normale Erde. Da er sehr hoch wird – bis 7,5 m – ist es am besten, sich auf eine einzige Pflanze zu beschränken.

Flieder

Flieder ist schön und widerstandsfähig: eine ideale Kombination für den Sommerhausgarten. Seine Blütenzweige machen sich dekorativ in einer großen Vase. Flieder bildet gewöhnlich hohe Büsche, die von Mai bis Juni lilafarben blühen. Wenn sich Ihr Sommerhaus an einem windigen Standort befindet, ist eine Fliederhecke ein guter Windschutz.

Flieder mag es sonnig und gedeiht in fast jedem Boden. Es gibt Sorten, die dunkellila, hellrot oder weiß blühen – und allen ist der wunderbare Duft gemein.

Wicken

Wicken gibt es in allen möglichen Farben, und in der Vase verbreiten sie einen romantischen Sommerduft im Haus. Mit ihren verschnörkelten Greifranken und den vielen klaren Farben ist die Wicke die Traumpflanze der Kinder. Sie klettert einfach an allem hoch und kann rasch Hecken und Pergolas überwuchern.

Man sät Wicken am besten Im März im Pflanztopf aus und setzt die Jungpflanzen im Mai in den Garten. Sie dürfen nicht zu trocken werden. Sie werden bis zu 2 m hoch und sollten auf jeden Fall ab 50 cm Höhe hochgebunden werden.

Sie sollen sich in Ihrem Sommerhaus vor allem wohlfühlen. Suchen Sie sich daher Möbel und Pflanzen aus, die die gewünschte Sommerstimmung für Sie zum Ausdruck bringen. Der Sommerhausgarten sollte dabei etwas weniger durchgeplant sein als ein „Ganzjahresgarten“ – schließlich sind Sie hier in den Ferien, und da gehört, drinnen wie draußen, ein zwangloser, weniger perfekter Stil einfach dazu.

Außenbereiche

Bei der Farbwahl gibt es eigentlich keine Regeln zu beachten, denn das Projekt wird von Ihren eigenen Geschmack und Vorstellungen gesteuert – und Sie müssen am Ende damit zufrieden sein. Doch ob Sie nun mit Kontrasten oder eher Ton-in-Ton arbeiten, mit kühlen oder warmen, gedämpften oder kräftigen Farbtönen, sollten Sie sich dennoch beim Zusammenspiel der Farben um Harmonie bemühen.

Ich würde jedoch empfehlen, dass Sie es zunächst langsam angehen lassen und die größten Flächen in gedämpften Tönen anlegen. Auf dieser Grundlage kann man dann gezielt Akzente in ausgefalleneren Farben oder kräftigeren Schattierungen setzen – zum Beispiel mit einem Wandteppich, Stuhl oder Bild. Farbenfrohes Zubehör lässt sich je nach Lust und Laune sehr schnell gegen anderes austauschen, wenn Sie des momentanen Stils müde sind.

Hier finden Sie eine Auswahl von Farben, die alle miteinander harmonieren. Es sind kühle, nordische Farbtöne, die sich sehr schön als Grundlage für ausgefallenere Farbakzente eignen.

Innenbereiche

Ein großes Dankeschön an alle Leute, die sich für unser Projekt interessiert und dafür eingesetzt haben. Das Endresultat ist doch immer das Ergebnis von Lust und Willen der Gemeinschaft.

EIN BESONDERER DANK an die Sommerhausbesitzer, die uns ihre Türen geöffnet und ihre Geschichte erzählt haben. Es war schön, einen kleinen Einblick in Ihr Leben zu bekommen. An den Verlagschef Lars Erik Strandberg für seinen unerschütterlichen Optimismus und an die Lektorin Lea Carlsberg für ihre kompetente Steuerung und Hintergrundsforschung zu diesem Projekt. An die Grafikerin Annette Bjerre Theilgaard für den großen und selbständigen Einsatz und das gute Bildverständnis. An Birger Midtgaard von Sadolin Farveland für die guten Ratschläge zur Farbenwahl. An Jørgen Johansen für die Gartenratschläge. An unsere Ehepartner für die Unterstützung und das Vertrauen selbst dann, wenn wir einmal einen Moment im Zweifel waren. An unsere wunderbaren Kinder und nicht zuletzt an unsere Eltern, mit denen wir beide das Glück haben, immer noch unsere täglichen Sorgen und Freuden teilen zu können.

Register

GARTEN

EINRICHTUNG UND STIL

GETRÄNKEREZEPTE

LIMONADE (KONZENTRAT)

15 Zitronen, unbehandelt oder
aus biologischem Anbau
250 g Zucker
1/2 l Wasser

Zitronen auspressen. Den Saft zusammen mit den Schalen, Zucker und Wasser zum Kochen bringen und maximal eine Stunde auf niedriger Kochstufe simmern lassen, die Schalen jedoch nach einer halben Stunde herausnehmen. Abseihen und abkühlen lassen. Das Konzentrat hält sich ca. 2 Wochen im Kühlschrank. Zum Servieren 1 Teil Konzentrat mit 3 Teilen Wasser und Eiswürfeln mischen.